政治資金規正法違反
事例集Ⅲ

JN114247

はじめに

　政治資金規正法は政治家や政党・政治団体が取り扱う政治資金について規定する法律であり、政治活動が国民の不断の監視と批判の下に行われるようにすることにより、民主政治の健全な発達に寄与することを目的としています。1948年に制定され、政治とカネを巡る数々の問題を契機に累次の改正が行われ、今日に至ってます。

　政治資金規正法は「政治資金の収支の公開」と「政治資金の授受の規正等」という2つの柱により成り立っています。

　「政治資金の収支の公開」については、収支報告書と添付書類の提出・公表により行われますが、これらが提出されなかったり、提出されたとしても不正確なものであった場合には、国民の不断の監視と批判が働かなくなってしまいます。

　また、「政治資金の授受の規正等」が蔑ろにされると、政治家・政治団体と資金提供者の間に過度な癒着が疑われることになります。

　このほか、近時は政治資金の使途用途が適正かどうかなども注視されるようになっています。

　国民、特に政治資金を扱う者は、政治資金規正法その他の関係法令を十分理解し、法令に則った対応をすることが求められます。

　本書はこの政治資金規正法その他の関係法令に関係する事件について、おもに2018 〜 2024年の記事などを中心に、事件の概要、関係者の対応などをまとめました。

また、それぞれの事件が

●法律に照らして違反にあたるかどうか
●刑事事件に発展したか、あるいは故意や重過失の状況
●道義的責任や公平感
●金額の多寡
●世間的な注目度
などの視点から編集部が独自に判断して、事件ごとに違反のレベルを１（低）〜５（高）の５段階に評価しましたので、参考としていただければと思います。

　本書があらためて、政治資金規正法とはなにか、政治活動における政治資金がいかにあるべきかなどを考える一助となれば幸いです。

目　次

第1章　不記載

第3章　上限を超えた寄附

第5章　書類の不備

第6章　地位利用

第7章　買収

第8章　違法な寄附

第9章　適法不適切

●本書において、記載のない「法」とは政治資金規正法（昭和23年法律第194号）
　を指します

第1章

不記載

パーティー券の販売金額の一部を報告書に記載せず、議員に還流

■ 事件の概要

　2022年末から2023年はじめにかけて市民オンブズマンらが、ある政党の5つの派閥の政治団体の政治資金収支報告書に多額の不記載があると東京地検に告発した。

　東京地検特捜部は、2023年11月、政治資金規正法違反（不記載など）容疑での立件を視野に捜査を進めた。

　政治団体が開く政治資金パーティーについては、収入の総額だけでなく、20万円を超えるパーティー券の購入者（個人、企業など）の名称や金額を政治資金収支報告書に記載しなければならない。

　一方、告発された政党の各派閥では、所属議員の当選回数や閣僚経験などによって、パーティー券販売のノルマを設けていたとされ、このノルマを超えた販売分について政治資金収支報告書に記載せず、所属議員それぞれにキックバックすることが常態化していたと見られる。

　本来は超過分もパーティー券収入として記載し、キックバックした場合は議員側への寄附として支出の記載をすれば問題はない。しかし、2018〜2022年、同党の最大派閥の政治団体Xでは毎年1回政治資金パーティーを開き、総額6億6,000万円の収入があったことを記載しているが、ノルマを超えて販売した分については議員側にキックバックされ、収支ともに記載がない。所属する99人の議員の多くがキックバックを受け、うち10人以上は直近5年間で1,000万円以上を受け取ったとされ、総額5億円以上が裏金化したという疑いがある。

　政治資金規正法では、政治団体の会計責任者に対して収支報告書の記載や提出の義務を課しているが、不記載などを政治家が指示していたり、報告を受けて了承していた場合は、共謀に問われる可能性がある。

　金銭の受け渡しや収支報告書に記載しないことなどは、各派閥の会計担当職員と各議員の秘書らとの間で行われていたと推測された。

　東京地検特捜部は、政治資金規正法違反（不記載、虚偽記載）の疑いで、最大派閥の政治団体Xと、別の派閥で40人の所属議員がいる政治団体Yの事務所を捜索した。なお、政治団体Yではキックバックした金額を派閥側の支出とし、議員側の収入としても記載していた。ただし、実際の収入よりも少ない金額を記載していたと見られる。

　パーティー券を購入した支援者の中には、議員の秘書から「販売ノルマがある。協力してほしい」と派閥のパーティー券の購入を繰り返し依頼され、2019〜2021年まで、会社名義で1枚2万円のパーティー券を20枚、合計40万円購入したという人もいた。しかし、当該議員の収支報告書に同社の名前は記載されていない。

　その後、ノルマ超過分のパーティー券収入について、複数の議員が派閥に届けず事務所でプールしていたこともわかった。キックバック分に加え、議員側でプールしていた分も派閥の収入として計上されるべき金額であり、不記載に当たる。

■ 関係者の対応など

　政治団体Xの会計責任者や事務担当職員などは、東京地検特捜部の任意の事情聴取に対して、派閥実務を総括する事務総長にキックバックについて報告したとし、パーティー券収入の一部を収支報告書に記載しなかったことを認めた。

　また、2019〜2021年にこの派閥の事務総長を務めた議員側が

直近5年間に1,000万円のキックバックを受け、政治資金収支報告書に記載していない疑いがあることが明らかになり、現役職から更迭された。さらに別の時期に事務総長を務めた2人の議員や大臣経験者にも同様の疑いがあることがわかった。

　4,000万円から5,000万円のキックバックを受けた可能性のある議員も浮上したが、いずれも事実関係を確認し、適切に対処するとの発言にとどまった。

　キックバックを受け取り、収支報告書に記載しなかった議員の中には、派閥から収支報告書に記載しないでよいという指示があったと認める者もいた。キックバック分は党からの政治活動費なので、収支報告書への記載は必要ないと説明を受けていた議員もいた。

　2024年1月、東京地検特捜部は、多額のキックバックを受けていた最大派閥の国会議員と政策秘書を「具体的な罪証隠滅のおそれが認められたため」との理由で逮捕した。また、同じく多額のキックバックを受けていた国会議員2人を議員側の資金管理団体の収支報告書に記載しなかったとして虚偽記載の罪で在宅起訴と略式起訴した。さらに3派閥の会計責任者や元会計責任者も虚偽記載の罪で計8人を立件した。

　一連の捜査、報道が行われるなか、当該政党の代表は自らが会長を務める派閥を解散すると表明。他の3派閥も追従するように解散を表明した。

　この問題を受けて政党は、政治改革に向けた「中間とりまとめ」を公表した。「『お金』と『人事』から完全に決別して派閥を政策集団にする」「派閥の政治資金パーティーを禁止し、盆暮れに所属議員に配る『氷代・餅代』を廃止する」「派閥による内閣・党人事への働きかけや協議を行わない」「政策集団の政治資金収支報告書の外部監査を義務づける」「会計責任者が逮捕・起訴された場合に議員も処分できるようにする」という内容だった。こ

の政治改革に関する議論の中では、最大派閥の幹部に政治的責任の取り方を自ら検討するよう求める声も党内から相次いだ。

　また、収支の透明化を図るため政治資金規正法の改正について各党でも議論が行われている。

　主な争点は「政治団体の会計責任者に重大な違反があれば、政治家も責任を負い、公民権停止などの罰則の対象となる（連座制）」「政治資金収支報告書にパーティー券の購入者を記載しなければならない金額を、現行の『20万円を超える』から引き下げる」「政治資金パーティー券の購入代金を現金ではなく銀行振込で受け取り、その後の支出も銀行を通して行い透明化を図る」「企業によるパーティー券の購入禁止」「政党から所属議員に支出する『政策活動費』も収支報告書への記載義務がなく不透明なので、使途を公開するようにする」といったものである。

（2024年1月26日現在）

解説

違反レベル
LEVEL
5

パーティー券収入はすべて収支報告書に記載しなければならない。販売ノルマの超過分を収支報告書に記載しなかったり、その分をキックバックした場合に議員側への寄附として支出の記載をしないことは許されない。

　政治団体にとって、政治資金パーティー券の収入は寄附と並んで大きな収入源だ。それだけにその収支を記載せず、あろうことかそれを裏金として所属議員にキックバックし、さらにそれも収支報告書に記載していなかったということは、国民の不断の監視と批判を目的とした政治資金規

正法の趣旨を蔑ろにするもので猛省が求められる。

　また、寄附を受けた場合、年間5万円を超えると寄附者の氏名や金額などを記載しなければならないが、政治資金パーティー券収入の場合は1回20万円を超えるときのみ記載が義務付けられているため、透明性の担保に欠ける面があるといわざるを得ない。

　さらに、政治資金パーティーについては、パーティー券を購入するだけで実際には出席しないケースも見られ、実質的な寄附に当たるのではないかという指摘もされている。今後、政治資金規正法改正に向けた議論が注目される。

証券会社からの借入金を
政治資金収支報告書に不記載

■ 事件の概要

　大臣経験者である衆議院議員のA氏が2017年10月の衆議院議員選挙期間中に、都内の証券会社Xから5,000万円を受け取っていた。衆議院議員選挙は10月10日に公示され、22日に投開票が行われたが、証券会社の文書などによれば、13日頃までにA氏の事務所から政治活動を支援する目的で貸付の依頼があり、19日に資金を提供したとされる。

　この資金が選挙資金なら借入金であっても公職選挙法に基づいて選挙運動費用収支報告書に記載する義務があるが、A氏は選挙運動費用収支報告書にも、個人的な貸し借りを届け出る資産報告書にも金銭の受領を記載していなかった。

　A氏は2018年4月4日に資産報告書を訂正。5,000万円は2018年4月9日に返済されたが、利子の支払いはなかった。

　なお、その後の調査で、借用書は資金提供を受けた時点では交わしておらず、借用から約2か月後に証券会社側が作成したことがわかった。

■ 関係者の対応など

　A氏の事務所は取材に対し、「2017年の秋以降、急な政治資金が必要になる可能性があると考え、個人として借り入れたもの。利子を含め全額返済した。借り入れは選挙後と認識していたため報告書には記載しなかったが、日時の認識に誤りがあったと判明したので訂正を届け出た」と文書で回答した。

　A氏はマスコミの取材に応じ、当時は政党を立ち上げたばかりで政党交付金をあてにできないと考えて個人の判断で準備したもので、選挙資金という考えはなく、実際に選挙には使っていないとした。

　その後A氏は、最終的には利子を支払ったとしたが、利率については常識の範囲として明らかにしなかった。また、借用書が後日交わされたことについては、事務手続の遅れのためと説明した。

　資金提供をした証券会社Xは、2018年1月ごろから投資募集会社Yを通じて行った資金調達について証券取引等監視委員会が調査を行っており、この調査過程でA氏への資金提供があったことがわかった。

　投資募集会社Yは、証券会社Xの親会社である自然エネルギー開発会社の要請により、投資家に対し国内の太陽光発電はスリランカの水力発電などに使われると説明して、約3,100人から約130億円を調達していた。しかし実際には自然エネルギー開発会社が証券会社に増資するなど、少なくとも10億円以上が説明とは異なる目的で使用された。投資募集会社Yについては、2018年7月、証券取引等監視委員会が金融庁に対して金融商品取引法違反で処分するよう勧告した。

　また同年同月、証券会社Xは、法令を守ったり経営を管理する態勢が機能していないとして、金融庁が証券会社としての登録を取り消した。

2017年10月13日　A氏側から貸付を依頼
2017年10月19日　証券会社Xから5,000万円を受け取る
　　　　　　　　　借用書は未締結
2017年12月ごろ　借用書を締結
2018年1月ごろ　　証券取引等監視委員会が調査を始める
2018年4月4日　　資産報告書を訂正
2018年4月9日　　A氏は5,000万円を返済
2018年7月　　　　投資募集会社Yに対し、証券取引等監視委員会
　　　　　　　　　が金融庁に処分を勧告
　　　　　　　　　証券会社Xに対し、金融庁が証券会社の登録を
　　　　　　　　　取り消し

解説

違反レベル
LEVEL
2

政治資金規正法は、政治家個人の借り入れについての報告は求めていない。

　政治資金規正法上、会社や団体から政治家個人へ政治活動に関する寄附はできない。しかし、借り入れについては規制がされていない。また、政治家個人の収支については選挙運動に関する収支を除いては、報告義務が設けられていない。

　しかし政治資金規正法に定めがないといって政治家とカネについて何ら説明責任がないということではない。資金の趣旨、目的や使途について十分な説明が求められよう。

　本件は時期的に見て政党の運営資金や選挙資金とみなされてもおかしくはない。選挙資金なら公職選挙法に基づいて選挙運動費用収支報告書に記載する義務があり、個人的

な借り入れであれば国会議員資産公開法（政治倫理の確立のための国会議員の資産等の公開等に関する法律）に基づく資産報告書に記載する必要がある。また、立ち上げた政党のために借り入れ、使うのであれば、その政党の収支報告書で明らかにすべきであろう。

　なお、本件の借り入れについてＡ氏は利子を支払ったとしているが、仮に、支払額が社会通念上負担すべきと考えられる水準に及んでいないとすれば、証券会社Ｘが一部利子の支払いを免除したことになり、すなわち会社から政治家個人に対しての違法な寄附と判断されかねない。

パーティー券代が記載漏れ

事例03

■ 事件の概要

2019年12月、現職の大臣である衆議院議員Ａ氏が代表を務める資金管理団体が2018年11月にＸ市内で開いた政治資金パーティーでの収入を一部、政治資金収支報告書に記載していないことがわかった。

Ｘ市にある政治団体は合計30万円分のパーティー券を購入していたが、記載されていなかった。

政治資金規正法では、政治資金パーティーにおいて20万円を超える購入について、収支報告書に氏名、住所、金額などを記載することを義務付けている。

■関係者の対応など

Ａ氏の事務所は、20万円と10万円に分けて入金されたため、記載が不要と思っていたとし、訂正するとした。

解説

違反レベル LEVEL **3**

20万円を超えるパーティー券の収入は、収支報告書に記載しなければならない（法第12条第1項第1号ト）。

政治資金規正法では政治資金パーティーの対価に係る収入については、収支報告書に対価の支払の総額、一の政治資金パーティーの対価の支払が20万円を超える支払者の

氏名、住所、職業、金額、年月日を記載しなければならないとされている（法第12条第1項第1号ト）。

　本件のように金額を分散して入金したとしても記載が必要となる。これに違反して故意または重過失により収支報告書に記載すべきことを記載しなかった場合、5年以下の禁錮または100万円以下の罰金の対象となる（法第25条第1項第2号、第27条第2項）。

会費制の集会・支援者向けの イベントの収支を収支報告書に 不記載

■ 事件の概要

　現役の大臣政務官である衆議院議員のＡ氏が代表を務める2つの政治団体ＸとＹは、2013〜2015年に支援者などが参加した集会の収入を政治資金収支報告書に記載していなかった。

　Ｘは2014年と2015年に会費制の集会を3回開催し、2014年は101万円、2015年は190万円の収入があった。Ｙは2013年、2014年に各1回会合を開き、それぞれ約800人が参加し、会費は1人2,000円と収入があった。しかし、どの収入も記載されていない。

　また、いずれの集会にもＡ氏は参加していた。

■ 関係者の対応など

　Ｘは外部からの指摘を受け、2018年9月、2014年の収入は寄附を含む108万円、支出108万円、2015年は収入190万円、支出162万円と訂正した。Ｙについても収支を確認して訂正する意向を示した。

　Ａ氏は新聞社の取材に対し、「対価を得るための政治資金パーティーという認識はない。未記載は当時の秘書の判断であるが、自らの責任と考えている」と話した。

解説

政治資金パーティーに当たらなくとも政治団体は事業収入、支出として催物の収支を報告する必要がある。

　政治資金規正法は、政治活動が国民の不断の監視と批判の下に行われるようにすることを目的としており、このため政治団体の会計責任者は、すべての収入と支出について、あらかじめ定められている事項について記載しなければならないとされている（法第12条関係）。

　政治資金パーティーとは対価収入から経費を差し引いた残額を政治活動に充てるために行うものである。政治資金パーティーは収支報告書において開催場所や20万円超の対価の支払いをした者を記載しなければならない。

　本件の会合は、いわば収支トントンとなる催物であるようであり、そうであれば政治資金パーティーの定義には該当しない。しかし、たとえそうであっても政治団体の行う催物であれば事業に当たると考えられ、事業収入と支出として、その金額を計上しなければならない。

　収支報告を怠ったことが故意または重過失と認められれば、5年以下の禁錮または100万円以下の罰金に処されるおそれがある（法第25条第1項第2号、第27条第2項）。

　また、会費制の催物であったとしても、会費が経費に対して低額の場合などは、当該政治団体から参加者に対する寄附と認定されるおそれがある。当該政治団体が後援団体に該当する場合には、公選法第199条の5により禁止される選挙区内にある者に対する寄附に該当することになる。

【類似事例】
支援者向けイベントの収支を収支報告書に不記載

■ 事件の概要

　衆議院議員A氏の事務所が2014年、2015年に開催した、支援者が参加する会費制の催しに関する収支を政治資金収支報告書に記載していなかった。

　2014年、2015年とも2回ずつ、合計4回の「サマーパーティー」を開催。2014年は3,700円の会費で合計1,000人以上が参加したという。2015年には別に「いちご狩り」も開催していた。いずれも申込先はA氏の事務所であった。

■ 関係者の対応など

　A氏は2018年10月、マスコミの取材に対し、「手続のミスをチェックしなかった自分の責任」とし、報告書を訂正する意向を示した。

　また、政党の副代表と選挙対策委員長を辞任した。

　A氏の事務所は同年11月に2014〜2016年分の政治資金収支報告書について、約1,500万円の訂正を届け出て、再発防止に努めるとした。

事例
05

選挙運動の余剰資金が収支報告書に記載されず使途不明

■ 事件の概要

　2018年12月、県知事A氏の政治資金収支報告書で記載漏れがあることが指摘された。

　知事に初当選した2014年、選挙運動の費用として自身の後援会から1,150万円、所属政党の県連から600万円、所属政党から200万円、合計1,950万円を受け取った。一方、支出は選挙事務所の家賃や選挙活動の人件費、車輌の借り入れ代などで1,954万6,915円と収支はほぼ一致している。

　ただし、ポスターやビラの制作費合計142万9,850円は公費で負担となるため、実際には138万2,935円が余剰となる。[1]

　2015年から2017年の収支報告書では、この余剰金に関する記載はなされていない。

　また、2018年の知事選挙では2,600万円の収入に対し、2,462万566円の支出としていたが、公費負担分が178万3,372円あるため、約316万円の余剰金が発生している。[2]

＊1　概算：1,950万円 −（1,954万円 − 142万円）= 138万円
＊2　概算：2,600万円 −（2,462万円 − 178万円）= 316万円

■ 関係者の対応など

　A氏の事務所の担当者は、2014年分について「余剰金は後援会へ寄附する形で返金した」と答えた。100万円の入金記録のある通帳を示したが、振り込み人の氏名は記載されていなかった。残りの約40万円については、当時の後援会関係者が現金で返金さ

れ事務所の備品の購入などにあてたと釈明した。

　未記載については、「当時の担当者が公費負担についての認識がなく、政治資金収支報告書に記載しなかったと思われる。事務処理上のミスで意図的なものではない」とした。

　また、収支報告書を作成する際に、手持ちの資金と翌年への繰越額に差が生じているはずだが、気がついていなかったという。

　2018年の余剰金については適切に処理したと話した。

解説

| 違反レベル LEVEL **3** | **政治資金収支報告書には、その年の全ての収入と支出を記載しなくてはならない（法第12条）。** |

　選挙の際、公費負担となるのはポスターやビラの制作費のほか、選挙運動用自動車の借り入れ、燃料代、運転手の雇用などの費用が挙げられる。これは財産の多寡にかかわらず立候補や選挙運動の機会均等を図ることを目的に、一定額を限度に候補者の選挙運動費用の一部を公費で負担する制度である。

　選挙運動費用収支報告書には、公費負担となる分も含めて、選挙運動に要した経費をすべて記載しなければならないが、公費負担分については地方公共団体が契約業者等に支払うので、候補者は実際に支出しなくともよい。

　本件においては、この点についての考慮が欠けていたため、選挙運動費用に余剰が生じたのである。

　選挙運動費用収支報告書においては、仮に余剰金が生じた場合であっても、現行法においてはそれを処理する方法に定めはなく、報告も求められていない。しかし、本件に

おいてＡ氏が余剰金を後援会（政治団体）に寄附をすると言った以上、寄附を受けた後援会は政治資金規正法に則り、その寄附を収支報告書に記載しなければならない。

　故意または重過失により収支報告書に記載すべき事項を記載しなかった場合は、5年以下の禁錮または100万円以下の罰金の対象となる（法第25条第1項第2号、第27条第2項）。

事例
06

多額の記載漏れと二重計上

■ 事件の概要

　2019年2月、X市の市長A氏の政治資金収支報告書に数年にわたり、多額の記載漏れがあることが発覚した。

　最初に記載漏れが判明したのは、2017年の政治資金収支報告書で、4団体から受け取った合計615万円の寄附金、3団体が購入した政治資金パーティー券代合計274万円が記載されていなかった。

　ほかにもA氏自身のC後援会が2014～2016年に開催した会費制の4回の集会についても、合計約1,000万円の支出が記載されているものの収入の記載がないことがわかった。

　また、2016年、2017年に政治資金パーティーを開催した時の収入はいずれも820万円と記載されているが、A氏は2017年のパーティーのあと、後援会のブログで参加者1,200人と書き込んでいる。これが正しければパーティ券は1万円のため1,200万円の収入となる。しかしA氏は実際の参加者は800人程度で、ブログでは多めに書いてしまったと話した。

■ 関係者の対応など

　発覚後、A氏は自身の関連3団体（C後援会、D会、E会）について、2009～2017年の収支報告書について調査を行い、2012～2017年に政治資金パーティーなどで得た合計約7,500万円の収入を政治資金収支報告書に記載していなかったと報告した。

　提出済みの収支報告書との差額は、C後援会が合計約5,220万円、D会が合計約630万円、E会が合計約1,630万円であった。

　2015～2017年に開催した後援会の政治資金パーティーの収入は記載ミスとして、778～616万円に改めた。2017年夏に開催し

たパーティーの収入は850万円から1,820万円に訂正した。

　2017年分の収支報告書には、寄附を禁じられている企業からの寄附があり、さらに関連3団体で合計約6,900万円の記載漏れなどもあった。

　2019年3月、これらについて訂正し、収支報告書を市議会に提出したが、この報告書にも約200箇所もの誤りが見つかったため、さらに修正をして、収入の記載ミスは合計約7,000万円と再訂正した。ところがこの報告書でも複数の不明点があることが判明した。

　5万円以上の支出には収支報告書に領収書を添付しなければならないが、市議会議員から領収書の添付がない支出が多いことを指摘された。A氏は会計を会計事務に専門知識のない家族（自身の次女）にまかせていた。もっとチェックすべきであったと話した。

　2019年4月、A氏は市議会に収支報告書の再点検結果を報告した。この報告によれば、2012〜2017年に収入で1億2,031万円、支出で1億1,453万円の記載漏れがあったことが明らかになった。政治資金パーティーの収入や後援会費の振り込みを精査したところ、不記載が見つかったという。A氏は、私的流用はしていないとして、市長辞職を否定した。ところが、再修正された複数の団体の収支報告書にレンタカー代として同一の振込明細書が添付されていたことがわかり、支出の二重計上が疑われた。

　また、2017年分のC後援会の収支報告書に添付されていた領収書のうち11点には宛名がなく、13点はA氏個人宛てであった。ほかの団体宛てのものや、政治活動と関係が明確でない費用のものもあった。A氏側によれば、関連3団体のうち、2団体の会計責任者はA氏の妻で実務を行っていたのは次女、ほかの1団体の会計責任者はA氏の元秘書であったという。

　二重計上についてA氏側が再調査を行った結果、C後援会の2017年分の収支報告書に記載していた備品レンタル代40万2,150円（①）、警備費用15万1,200円（②）、レンタカー代79万8,120円（③）、41万9,040円（④）の合計約177万円の支出が該当した。

　①②③は、2017年に行われた市長選挙の際のA氏の収支報告書にも、④はA氏の関連団体Eの2017年の収支報告書にも記載されていた。添付されていた銀行の振り込み明細書のコピーは同一のものであった。

　A氏は二重計上が見つかったことについて、なぜだかわからないと話した。また、二重計上についてはC後援会の記載が誤りであったとして支出から削除する修正をするとし、収入との差が出るため翌年への繰越金として処理すると説明した。しかし、銀行口座にあるのか現金なのかについては説明がなかった。二重計上の報告から数日後、A氏は辞職願を提出し、全会一致で辞職に同意した。

　2019年9月、大阪地検特捜部は関係先の捜索を始め、関係者への任意聴取を進めた。会計事務を担当したA氏の次女は、A氏が初当選をした2009年から帳簿をつけていたが、2013年の市長選挙の間は選挙関連の会計は選挙対策本部に任せていたものの、選挙後の引き継ぎがうまくいかず、献金が増えて帳簿を管理できなくなったと説明。帳尻が合わないため、一部の収入を記載しなかったと話した。

　同年11月、大阪地検特捜部はA氏と会計事務担当者のA氏の次女を政治資金規正法違反で略式起訴した。

　2020年1月、市議会百条委員会の証人尋問が行われ、A氏は市政を停滞させたことと市民の信用を損なったことを謝罪した。しかし2017年の市長選挙の際に会計事務に関わった人物の名前を問われても答えず、関連政治団体の帳簿の提出もしなかった。また、同年10月の証人尋問を欠席した。

　同年12月、市議会は証言拒否や証人尋問欠席を理由に、A氏を地方自治法違反の疑いで刑事告発することを決めた。大阪地検はこれを受理したが、2021年10月不起訴（起訴猶予）の判断を下した。

違反レベル LEVEL 5

政治資金収支報告書に虚偽を記載することは許されない（法第25条第1項第3号）。

　政治資金収支報告書は、政治資金の流れを国民の監視と批判の下に置くためのものであり、収支報告書自体が虚偽となれば国民はその判断基準を失ってしまう。

　そもそも政治資金規正法の会計帳簿や収支報告書は、金の出入りを記すのみの単式簿記で、いわば小遣い帳のようなものである。簿記の知識は必要とされていない。それなのにこれだけの訂正があったというのは、不正を働こうとしていたというよりも、その前段階である遵法意識がなかったということになるのではないか。

　これだけ多種多額の訂正があったのであるから、A氏は国民に偽った情報を与えて、政治家の資格がなかったと言われても仕方ない。私的流用はないと言ったとしても為政者としての責任は重い。

　政治資金規正法では、政治団体の会計責任者は収支報告書にすべての収入と支出について、あらかじめ定められている事項について記載しなければならない（法第12条関係）。また、収支報告書に虚偽の記載をした者は5年以下の禁錮または100万円以下の罰金の対象となり、公民権も停止される（法第25条第1項第3号、第28条）。

事例
07

政党支部からの交付金を不記載

■ 事件の概要

　2020年11月、参議院議員A氏が代表を務める所属政党の東京都X支部から寄附を受けた議員らの複数の政党支部が政治資金収支報告書にその旨を記載していなかったことがわかった。

　X支部は、2013〜2018年の6年間、各年100〜400万円を東京都選出の国会議員、都内の首長や議員などに交付していたが、参議院議員選挙が行われた2019年は合計1,512万円に増加しており、交付の時期はほとんどが選挙前であった。

　選挙管理委員会が発表した2019年分の収支報告書では、7月の参議院議員選挙の前までに国会議員や都内の市議会議員、区長、区議会議員など合計274人が代表を務める政党支部にそれぞれ1〜50万円、合計1,431万円を交付した。

　ところが、この交付を受けた274の政党支部の収支報告書では、少なくとも182の支部で交付金の全額または一部の記載がなかった。不記載の総額は合計530万円。

　記載していなかった支部の代表者は、国会議員が2人、首長が2人、市議会議員と区議会議員が合計149人など。

■ 関係者の対応など

　記載していなかった衆議院議員B氏は、誤りがあったので修正すると文書で回答した。

　衆議院議員C氏が代表を務める政党支部の会計責任者は、交付を受けたのは1万円で、量が多いとどうしても記載漏れが出てしまうと話した。

　ある地方議員は、近所の人からの陣中見舞いと混ざってしま

い、何に使ったのかわからないとした。受け取ったのが1万円なので、この金額なら記載しなくてもよいのではと話した議員もいた。

政治資金規正法上、政党間の資金の授受は交付金収入または支出として計上しなければならず、寄附の明細基準は適用されない。

　政治資金規正法上、政党本部支部間または政党支部同士の間の資金の授受は、同一組織内の資金の移転にほかならないため、交付金と呼ばれ、寄附として取り扱われるものではない。

　寄附については寄附者の氏名・住所等の明細を記載する義務は年間5万円超のものに限られるが、交付金の授受にこうした金額の限定はなく、すべて報告しなければならない（法第18条第4項）。

　政党の本部支部の関係者はその政党名を名乗って活動する以上、同一の組織であるという認識の下、法を十分に理解し、遵守することが求められる。

事例 08 政治資金収支報告書に食い違い

■ 事件の概要

　2019年6月、X市の市長A氏の資金管理団体は、A氏が市長に当選した2015年に2つの政治団体から金銭を受け取ったが、A氏の資金管理団体と2つの政治団体の間で政治資金収支報告書の記載に食い違いが生じていることがわかった。

　2つの政治団体の2015年分の収支報告書では、市長選挙の投開票日翌日にそれぞれ10万円を支出し、寄附、祝い金などの名目で記載している。しかし、A氏の資金管理団体の収支報告書の寄附者一覧には、この2つの団体名も金額の記載もなかった。

■ 関係者の対応など

　A氏は、後援会費として受け取ったもので、会費の合計額に含まれていると説明。総務省に確認したところ、入金をどの項目にするかは政治団体が判断することとの説明を受けたと話した。

　金銭を提供した団体のうち1つの会計責任者は、寄附として当選祝い金を手渡したと話した。

　A氏は「事務上のミスが出た、食い違う点は修正する方向で、相談すべき人と相談していきたい」と話した。

違反レベル LEVEL 3

政治資金規正法では、法人その他の団体が負担する党費または会費は寄附とみなされる（法第5条第2項）。

　政治資金規正法には「党費または会費」の定義が置かれており「政治団体の党則、規約その他これらに相当するものに基づく金銭上の債務の履行として当該政治団体の構成員が負担するもの」とされている。ただし、法人その他の団体が負担する党費又は会費は、政治資金規正法上、明文で寄附とみなすこととされている（法第5条第2項）。

　A氏は本件寄附を後援会費として受け取ったとしているが、寄附として当選祝い金を手渡したという団体の会計責任者の発言とも辻褄が合わない。会費というのであれば、その根拠となる規約等を示すなどすべきであろう。

　年間5万円を超える寄附は個別に、氏名、住所、職業（団体の場合は名称、事務所所在地、代表者氏名）、寄附の金額、年月日を収支報告書に記載しなければならない（法第12条第1項第1号ロ）。これに違反して収支報告書に記載すべきことを記載しなかった場合、5年以下の禁錮または100万円以下の罰金が科されるおそれがある（法第25条第1項第2号）。

事例 **09**

無償で借りた事務所の経費を記載せず

■ 事件の概要

　X市の市長A氏は2018年2月から約2か月間、X市内に事務所を開設していたが、その賃貸料についてA氏の政治団体の政治資金収支報告書に記載がなかった。また、2018年から2020年には、祖父（故人）が生前所有していた建物も父から無償提供され、これも記載しなかった。

　2022年2月、市議会議員から指摘を受けて発覚した。

■ 関係者の対応など

　A氏は市議会において、当初、事務所は持ち主から無償で借りたため記載は不要だと思ったと回答。しかし、当該物件が法人名義であることを指摘されると、所有法人の代表者から無償で借りたと説明を修正した。議会閉会後、A氏は「個人の支援者からの寄附と認識していた。当時は確認が漏れていたが、今後はしっかり確認したい」と話した。

　A氏は代表者からの寄附と事務所費相当の支出としてそれぞれ40万円を計上して収支報告書を訂正し、もう一方の父からの無償提供は140万円の寄附があったと訂正した。

解説

違反レベル LEVEL 3

政治団体の事務所は家賃の授受がなくとも家賃相当分を寄附として計上しなくてはならない。

　政治資金規正法は、「寄附とは、金銭、物品その他財産上の利益の供与又は交付」と定めている（法第4条第3項）。したがって、政治団体が事務所として借りていても家賃が発生しない場合は、貸主から家賃相当額の寄附を受けたとして政治資金収支報告書に記載する必要がある。

　また、政治資金規正法は、企業・団体が政党またはその指定する政治資金団体以外の政治団体や政治家個人に寄附することを禁止している（法第21条第1項）。

　したがって、A氏または政党でないA氏の政治団体が企業・団体から事務所の無償提供を受けていた場合は、家賃相当分の寄附を受けていたことになり、上記の禁止規定に違反する。

　本件の場合、無償提供は記載する必要がないと思い込んでいたA氏は、政治活動を国民の監視と批判の下に置くことを目的とした政治資金規正法の趣旨を全く理解していないと言わざるを得ないが、それとともに、上記のとおり同法に違反しているおそれがある。

　違法と認められれば、収支報告書の不記載については、5年以下の禁錮または100万円以下の罰金の対象であり（法第25条第1項第2号）、違法な寄附を受けたことについては1年以下の禁錮または50万円以下の罰金の対象となる可能性がある（法第26条第3号）。

事務所の賃料が記載漏れ

■ 事件の概要

　2020年12月、参議院議員A氏が代表を務める所属政党のX県参議院選挙区第1支部が事務所の賃料について2018年と2019年分の政治資金収支報告書に記載していないことがわかった。

　A氏の秘書によればX県内のビルの一室にあり、当該支部はA氏の母親に賃料を支払っていた。2017年分の政治資金収支報告書には30万円の支出を記載した。この事務所は2017年までA氏と母親が所有していたが、その後母親は自身の持ち分をA氏の実子2人に生前贈与した。

　このことについて、政治資金の親族への還流と捉えられかねないため、2018年から支部が無償で借りる形に改めたという。無償提供されても政治資金規正法に基づき、報告義務があった。

■ 関係者の対応など

　A氏の秘書は、「無償で借りていたので報告書には記載しなくてもよいと考えていた」と話した。

解説

違反レベル
LEVEL
3

政治資金規正法上、収入および支出とは、金銭、物品その他財産上の利益の授受であり、必ずしも金銭の授受に限られない。

　事務所の地代や家賃は経常経費であり、事務所の家賃を支払った場合は支出に当たる。一般の政治団体には経常経費について個別の支出についての報告義務はないが、資金管理団体や国会議員関係政治団体は一定額以上の支出につき、収支報告書に氏名等の明細を記載しなければならない。

　一方、事務所を無償で提供を受けた場合は、本来支払うべき賃料を免除してもらったことになり、その分「財産上の利益」の寄附を受けたことになる。この場合は資金管理団体や国会議員関係政治団体以外の一般の政治団体であっても年間5万円超の場合は収支報告書に氏名等の明細を記載しなければならない。

　政治資金を親族に還流させないというのは政治活動の公正さを担保するため意義のあることではあるが、だからといって収支報告書の記載をおろそかにしてはならない。記載すべき事項を収支報告書に記載しない場合は不記載に当たり5年以下の禁錮または100万円以下の罰金に該当するおそれがある（法第25条第1項第2号）。

事例
11

談合で起訴された会社社長から商品券を受け取る

■ 事件の概要

　X市の市長A氏は、2020年の市長選挙で当選後、市議会議員B氏（当時／あっせん収賄罪などで起訴済）に誘われ、元建設会社社長のC氏（談合疑惑で起訴済）と市内で会食をし、10万円分の商品券を受け取った。A氏はこれを政治資金収支報告書に記載していなかった。

　市の発注工事をめぐり、B氏は入札情報を聞き出して建設業者（C氏）に落札させ、10万円の商品券を受け取ったとして公契約関係競売入札妨害やあっせん収賄の罪に問われ、2022年4月、懲役2年、執行猶予4年、追徴金10万円の有罪判決を受けた。

　C氏は、2022年9月、公契約関係競売入札妨害と贈賄の罪で、懲役1年6か月、執行猶予3年の有罪判決を受けた。

■ 関係者の対応など

　A氏は、C氏とは数回会った程度で親しくはなかったが、当選祝いの趣旨で、儀礼上許される範囲と判断した。商品券を受け取ったのは初めてで、記載方法を県選挙管理委員会に問い合わせようと思いながら失念したと話した。

　2021年9月にB氏、C氏が逮捕されたことで思い出し、10月に修正したという。

　A氏は金銭を受け取ったことは法的には問題ないが、道義的責任は重いとして2021年12月、辞職を発表した。

違反レベル
LEVEL
3

年間5万円を超える寄附については収支報告書に記載することを義務付けている。

　選挙運動に関するもの以外、金銭等（商品券も含まれる）により政治家（公職の候補者個人）に対して寄附することは政党からのものを除き禁止される（法第21条の2）。当選祝いは既に選挙が終わっている段階において寄附されるものであり、一般的には選挙運動に関するものとは言い難いであろう。したがって、政治家個人に対する寄附は禁止される。

　当選祝いを政治団体で受けることは禁止されていないので、本件においてもA氏はその方法をとったものと考えられる。しかし、政治団体で受けた以上、年間5万円を超える寄附は個別に、氏名、住所、職業（団体の場合は名称、事務所所在地、代表者氏名）、寄附の金額、年月日を収支報告書に記載しなければならない（法第12条第1項第1号ロ）。これに違反して収支報告書に記載すべきことを記載しなかった場合、5年以下の禁錮または100万円以下の罰金が科されるおそれがある（法第25条第1項第2号）。

　なお、政治資金規正法には、談合により有罪となった者からの寄附を禁止する規定はない。しかし、道義的責任は重いとして辞職までするのであれば、有権者に対してきちんと説明をするべきであろう。

第 2 章

虚偽記載

収支報告書に寄附者の寄附先を偽って記載。還付金を受けさせた容疑で告発

■ 事件の概要

　参議院議員のA氏は自身が代表を務める資金管理団体Xの会計責任者らと共謀し、Xに寄附した167人について、政治資金収支報告書には政党支部に寄附したと記載。当時、Xへの寄附は税金還付の対象ではなかったのに2016年2月から3月にかけて寄附金控除の書類を交付し、総額150万円の還付金を受領させ、国庫に損失を与えたとされた。

　このことについて、2018年4月と10月に東京都在住の男性が詐欺や政治資金規正法違反などでA氏を新潟地検に告発した。新潟地検は、2018年4月、これを受理した。

■ 関係者の対応など

　2018年12月、新潟地検はいずれの容疑についても不起訴とした。理由は明らかにされていない。

　A氏は、マスコミの取材に対し、「告発されたことも不起訴になったことも知らなかった」とし、今後も資金管理を厳格に行うと話した。

解説

政治資金収支報告書に寄附先を偽って記載するのは違法（法第25条第1項第3号）。

　個人が政党・政治資金団体に対して行った寄附は税の優遇措置を受けることができ、寄附金控除（所得控除）か、寄附金特別控除（税額控除）を選択することができる（租税特別措置法第41条の18）。

　一方、その他の政治団体については、国会議員関係政治団体になっている資金管理団体等一定の資格を有するものについて税の優遇措置が認められるが、寄附金控除のみである。この点について、一般的に課税所得が900万円未満の場合は税額控除の方が有利だとされている。

　仮に、有利な税の優遇措置を受けるために、寄附先の政治団体を偽っていたとしたら、それぞれの政治団体において虚偽の収支報告書を作成し、提出していたことになる。故意または重過失により収支報告書に虚偽の記載をした者は、5年以下の禁錮または100万円以下の罰金に処されるおそれがある（法第25条第1項第3号、第27条第2項）。

　なお、税の優遇措置を受けるためには収支報告書に寄附者の氏名、住所等が記載されていること、かつ、総務大臣または都道府県選挙管理委員会の確認書を発行してもらうことが必要である。

政治資金収支報告書に
後援会の代表者名を偽って記載

■ 事件の概要

2020年6月、X市の市議会議長を務める市議会議員A氏は、2010〜2019年の政治資金収支報告書に自身の後援会の代表者として無断で元市議会議員B氏の名前を記載していたことが判明した。

2010年の市議会議員選挙の際、A氏はB氏に陣営の責任者を依頼し、同年後援会を設立する際に本人の許可を得ないまま、B氏を代表者としていた。2014年の市議会議員選挙では政策の考え方の違いから袂を分かったため、ほかの人物に責任者と後援会の代表者に就いてもらったが、A氏はこの変更について選挙管理委員会に届け出ていなかった。

■ 関係者の対応など

A氏は、B氏の名前を無断で記載したことを認め、謝罪した。また県の選挙管理委員会に修正の手続を取るとした。

政治資金規正法には設立届の虚偽報告に関する罰則はない。県の選挙管理委員会は、政治資金収支報告書に違う人物の名前が記載されていることが虚偽記載に当たるかどうかは判断できないとした。

発覚後の市議会でA氏の議員報酬を3か月間3割減額する条例案を提案し、賛成多数で可決された。

違反レベル

LEVEL

3

本来、代表者ではない者を代表者として届け出ることについて罰則はない。しかし虚偽の届出は国民を欺く行為であり許されない。

　公職の候補者を推薦・支持する後援会は政治団体にあたる。政治団体は、組織の日から7日以内に設立届を管轄する選挙管理委員会または総務大臣に提出しなければならず、団体名、代表者名などが官報または都道府県の公報などで公表される。

　本件では、後援会の代表者として無断でB氏の名前を記載しており、事実と異なるため虚偽を記載したことになるが、政治資金規正法には設立届の虚偽記載に関する罰則はない。また、届出を受ける選挙管理委員会は、政治活動に介入してはならないとの観点から、代表者の真偽を確認するなどの権限は付与されていないし、すべきでもない。

　しかし、無断で氏名を記載することは道義的に見ても許されることではなく、また、虚偽の事項が公表されることにより国民を欺くこととなるので議員としての資質を問われるといえるだろう。

　なお、政治資金収支報告書に代表者の氏名を記載する欄があるが、収支報告書は会計責任者が作成するものであり、会計責任者が代表者氏名が虚偽であると知っていて記載した場合は、収支報告書の虚偽記載に問われる場合もあるだろう（法第25条第1項第3号）。

寄附を受けた事実はないのに 寄附ありと収支報告書に記載

■ 事件の概要

　X市の市長A氏の後援会は、県の医師連盟から30万円、県内の別の医師連盟から10万円の寄附を受けた事実がないのに、政治資金収支報告書に、寄附を受けたと虚偽の記載をした疑いがあると、同市の市議会議員B氏が県警に告発。県警はこれを受理した。

　B氏によれば、2つの医師連盟の政治資金収支報告書ではA氏個人に対して寄附を行ったことになっているという。

■ 関係者の対応など

　B氏は記者会見を行い、A氏に対して説明責任を果たしてほしいと話した。

　A氏は告発状を見ていないのでコメントを控えるとした。

　なお、2つの医師連盟は、2022年4月に寄附先を後援会に訂正していることを県の選挙管理委員会が発表した。

解説

政治資金収支報告書に虚偽を記載することは許されない（法第25条第1項第3号）。

　政党がする場合を除き、政治資金規正法では、政治家個人への金銭等による寄附について、選挙運動に関するものを除いて、何人も行ってはならないと規定している（法第21条の2）。

　選挙運動に関しては公職選挙法により選挙運動収支報告書の提出が義務付けられているが、それ以外は政治家個人の政治活動について、収支報告が求められていないため、政治活動に関する寄附については原則として政治団体に対して行うよう定められているのである。

　したがって、A氏個人が選挙に関するものとしてではなく寄附を収受していたなら、この寄附の授受は違反となる可能性があろう。

　一方、医師連盟から後援会への寄附は政治団体間の寄附であり、年間5,000万円の限度額があるほか制限はない。こうした規制を踏まえて、寄附の相手先の変更があったのではないかと推測されるが、事実はどうであったかを踏まえ、政治資金収支報告書を作成すべきである。

　事実と異なる内容を収支報告書に記載してはならず、故意または重過失により違反した場合は、5年以下の禁錮または100万円以下の罰金に科せられるおそれがある（法第25条第1項第3号、第27条第2項）。

15 着席形式の政治資金パーティーの定員を超えた販売分について正しく記載していないと告発

■ 事件の概要

　現職の大臣である衆議院議員A氏の政治資金収支報告書に虚偽の記載があるとして2022年6月、市民が横浜地裁に告発状を提出し、受理された。

　告発状によれば、A氏とA氏の資金管理団体は、2020年12月に都内施設で政治資金パーティーを着席形式で開催したとき、定員が496席であるのに対し、870枚を販売した。定員を超える374人分は、対価がないため寄附に当たるが、収支報告書には寄附としての記載がなく、虚偽記載の疑いがあるとした。また、事務所の賃料という名目で選挙区内の企業に相場を上回る金額を支払ったとして、公職選挙法違反などの疑いもあるとした。

　なお、パーティー券は1枚2万円で、定員を上回った374人分は合計748万円。

■ 関係者の対応など

　A氏の事務所は文書で回答し、告発内容の詳細を確認しておらずコメントできない、政治活動は適正に行っているとした。

　2023年3月、横浜地検はA氏と会計責任者についていずれも不起訴の判断を下した。

解説

違反レベル
LEVEL
3

政治資金パーティーにおいて対価以外の金銭等の収受は寄附に該当する。

　政治資金規正法上、政治資金パーティーとは、対価を徴収して行われる催物（法第８条の２）と定義されており、いわば、コンサートなどと同視した扱いがなされている。パーティー券の収入は対価の支払とされ寄附には当たらない。一般的には催物のチケットを購入したのに参加できなかった者がいると考えられ、政治資金パーティーでも同様のことが起きないと考えられないわけではない。しかし、そもそも出席の意思がないのに政治資金パーティー券を購入した場合は、事実上、寄附とみなされる可能性がある。

　本件で指摘されているように、496席を備えた会場で着席形式で870枚販売したということが事実であったとしたならば、出席の意思のない者への販売がなされていた可能性があったと指摘されて当然といえる。

【類似事例】
政治資金パーティーで収容人数を大幅に超える枚数を販売

■ 事件の概要

　県知事Ａ氏の資金管理団体が2017年に開催した政治資金パーティーで、5つの会場のうち、3会場で収容人数を大幅に上回るパーティー券が販売されていた。出席者の3倍以上を販売した会場もあった。

政治資金規正法では、パーティー券代は講演や飲食などへの対価とみなされ、購入者の出席を前提としている。そのため、この事例は実質的な寄附に当たるのではという指摘がある。

　パーティー券は1枚1万円で、パーティー券収入は合計約3,581万円。5会場の開催事業費は、会場費や案内状の印刷費などで合計約301万円。

　収支報告書によると、この資金管理団体と、同団体からA氏の後援会を通して合計2,200万円がA氏個人に寄附されている。

　会場の収容人数を上回る販売があった3会場
　X会場：定員＝500人　販売数＝810人分
　　　　　実際の出席者＝約250人
　Y会場：定員＝400人　販売数＝632人分
　Z会場：定員＝800人　販売数＝901人分

■ 関係者の対応など

　A氏の事務所は、「出席者が会場の定員を超えた場合でも立ち見で出席してもらうことで対応が可能。出席するかどうかは購入者の判断」とした。

会計責任者の宣誓書に故人の署名と捺印

■ 事件の概要

　現職の大臣である衆議院議員Ａ氏ら4人に対し、Ａ氏の関連政治団体の政治資金収支報告書に虚偽の記載があるとして、週刊誌が報道し、2022年10月、市民が東京地検に告発状を提出した。

　告発状によれば、Ａ氏の後援会Ｚの2019年と2020年の政治資金収支報告書には、2019年10月に亡くなった故人を会計責任者として記載していた。添付した宣誓書の会計責任者欄にも故人の名前と捺印がなされていた。

　Ａ氏は、後援会Ｚについて自分が代表を務めているわけではないと話したが、後援会ＺはＡ氏の個人名の領収書も受け取っている。

■ 関係者の対応など

　Ａ氏の事務所は、当初、告発状について事実関係を確認中とした。

　後援会の収支報告書に故人を会計責任者として記載していた件について、Ａ氏は事務担当者に会計責任者の死亡が伝わっていなかったための連絡ミスと釈明。故人の名で作成した宣誓書について一旦は、政治資金規正法の罰則規定の対象になるという認識を示したが、翌日になって罰則の対象ではないことを確認したと訂正した。

　会計担当者の死亡後に、変更届を出していない点については違法であると認めたが、後援会の代表者でないため、責任を否定した。

　2022年11月、首相に大臣職の辞表を提出した。

　2022年12月、本人を含む事務所スタッフ10人が地元の有権者により政治資金規正法違反や公職選挙法違反などの容疑で告発さ

れたが、地検特捜部は不適切な記載が故意によるものと確認できず、いずれの容疑も起訴に足る証拠がないと判断し、いずれも不起訴とした。

解説

違反レベル
LEVEL
4

会計責任者に故人が就くことは許されない。

　政治団体の会計責任者が死亡した場合、異動届を（異動のあった日から）7日以内に出す必要がある。

　本件の場合、後援会は会計責任者の死亡後も異動届の提出を怠って長期間活動を続けていたというのであり、組織としての責任体制のあり方について問題があったと言わざるを得ない。

　政治資金規正法上、異動届を出さないこと自体には罰則はないが、会計責任者が故人であることを知りつつ収支報告書に故人の氏名を記入すると虚偽記載と認定されるおそれがある。

　なお、収支報告書に添えられる宣誓書（法第29条）については、収支報告書や領収書等と異なり、虚偽記載の罰則の対象とはならないと解されている。

事例 17

パーティー券の販売収入を
過少報告

■ 事件の概要

　衆議院議員のA氏が代表を務める資金管理団体は、2016年7月に都内で開催した政治資金パーティーについて、パーティー券の販売をノートで管理し、政治資金収支報告書に実際の収入の半分程度で過少報告していたことが新聞社の調べにより、2018年7月に発覚した。

　ノートには、パーティー券番号、企業・団体の名称と担当者、購入を依頼した枚数を列記。実際に入金があった枚数を○で囲み、依頼した枚数と区別していた。311企業・団体などに合計800枚のパーティー券の購入を依頼し、そのうち、218企業・団体などから合計594枚の購入があった。1枚2万円なので、1,188万円の入金となる。しかし、2016年分の政治資金収支報告書に記載されているパーティーの収入は642万円でおよそ半分だった。

　1回のパーティーの収入が1,000万円を超えると収支報告書に購入者の総数も記入しなくてはならない。事務所関係者は、「購入者数を明らかにすると過少申告が発覚しやすくなるため、1,000万円未満となるようにしている」と話した。パーティー券購入者のほとんどは20万円以下のため氏名を記載する必要がなく、総収入を調整しやすい。事務所関係者は続けて、「たとえば20万円なら10万円分だけ申告して残りは裏金にする仕組み」と話した。

　2013～2016年分の政治資金収支報告書には、総額1億2,572万円の収入があったと記載されている。開催された22回のパーティーのうち、収入が1,000万円と記載されているのは1回限り。同じ手口で過少申告している場合、虚偽記載額が巨額になる可能

性がある。

■ 関係者の対応など

　A氏は秘書に任せているのでわからないとした。経理担当者は、このノートについて、発送リストであって入金の管理簿ではないとし、当初送る予定の枚数を記入し、その後実際に送った枚数を○で囲んでいると説明した。事務所は、政治資金の事業収入はすべて出納帳や通帳に基づいて報告しており、簿外の数字はない。過少申告もないと回答した。

　他の複数の事務所関係者は、○がついているのが入金のあった枚数だと証言している。

解説

違反レベル
LEVEL
4

パーティー券購入者数や収入額の虚偽記載は違法。

　政治資金規正法では、政治資金パーティーの開催収入は事業収入とされており、その収入・支出のほか、1パーティーにつき20万円超の対価の支払（パーティー券の購入）をした者の氏名・住所（団体の場合は名称・所在地）、金額、年月日等を収支報告書に記載しなければならない。また、対価に係る収入が1,000万円を超える政治資金パーティーは特定パーティーといい、特定パーティーまたは特定パーティーと見込まれるものについては、パーティーの名称、開催年月日、場所、収入金額、対価の支払をした者の数を収支報告書に記載しなければならないなど、報告事項が増える（法第12条第1項第1号へ）。

　政治資金規正法の目的は政治資金の授受を国民の監視と批判の下に行われるようにすることにあるが、支払われた対価の一部のみを報告書に記載し、残りを裏金にすることは法の趣旨を真っ向から否定するものであり許されないことは当然である。さらに、特定パーティーであるにもかかわらず、「購入者数を明らかにすると過少申告が発覚しやすくなるため、1,000万円未満となるようにしている」として報告事項を記載しないことも同様に許されない。

　収支報告書の不記載または虚偽記載として５年以下の禁錮または100万円以下の罰金に処されるおそれがある（法第25条第１項第２号・第３号）。

政治資金パーティーの収入を
政治資金収支報告書に過少記載

■ 事件の概要

　衆議院議員のA氏の資金管理団体の報告書には、2018～2020年に政治資金パーティーを6回開催し、合計4,362万円の収入があったと記載しているが、2017年と2021年の記載がなかった。

　またA氏の関連団体であるX会も、2017～2019年に政治資金パーティーを3回開き、合計1,006万5,000円の収入があったと記載しているが、2020年と2021年には記載がない。

　東京地検特捜部は政治資金収支報告書が実態を反映していない可能性があるとして2022年11月、両団体の会計責任者を務めるA氏の公設秘書B氏を任意で事情聴取した。

■ 関係者の対応など

　2022年11月、A氏は「チェックが不十分だった。専門家に過去の収支報告書を点検してもらう」とした。過少記載については把握していないとし、自身の関与を否定した。

　公設秘書B氏は特捜部に対し、記載しなかった収入について、「事務所の活動費にあてるつもりだった」と話し、過少記載したことをA氏に伝えていたと説明した。

　このことについてA氏は、「過少記載についての認識はなく、事前に報告を受けたり指示をしたりしたこともない」と話した。しかし、その後、特捜部の事情聴取に「過少記載の認識はあった」と転じ、「秘書と共謀したといわれて処罰されるなら仕方がない」と話したという。

　A氏、B氏と元政策秘書C氏は、2022年12月に東京簡易裁判

所から罰金100万円と3年間の公民権停止の略式命令を受け、2023年1月に有罪が確定した。

　虚偽記載と不記載は、合計約4,900万円とされ、A氏はそのうち約4,600万円分に関わったとされた。

解説

違反レベル LEVEL **5**

政治資金収支報告書には収支のすべてを記載しなければならない（法第12条関係）。

　政治資金規正法は、政治活動が国民の不断の監視と批判の下に行われるようにすることを目的としており、このため政治団体の会計責任者は、すべての収入と支出について、あらかじめ定められている事項について記載しなければならないとされている（法第12条関係）。

　しかし、A氏の資金管理団体やX会は、法の目的を没却し、事実とは異なる報告をし、多額の資金を隠蔽した。この不正に関してはA氏も知っており、自ら加担したといわれても致し方ない。

　政治資金規正法の趣旨を真っ向から否定し、しかも多額の隠蔽があったことを考えれば悪質と言わざるをえない。

政治資金収支報告書と
政務活動費収支報告書に
同一の領収書を添付

■ 事件の概要

　県議会議員のA氏は、自身の資金管理団体の政治資金収支報告書に、政治資金から支出した合計42万8,584円分の領収書のコピーを添付して県選挙管理委員会に提出した。

　ところが、この領収書と同一と見られる3枚のコピーがA氏の所属政党の2018年、2019年の政務活動費収支報告書にも添付されていた。

　計上されたのは、2019年1月に広報紙ポスティングとして15万7,852円、2020年1月に広報紙制作費として13万2,000円、同年3月に広報紙ポスティングとして13万8,732円。

　双方に同じ経費を計上したのであれば、どちらかが架空であり、政治資金の虚偽記載か政務活動費の架空請求にあたる可能性がある。

■ 関係者の対応など

　A氏は、政治資金は適正に処理して収支を報告しているとした一方、2023年1月に県選挙管理委員会に対し、自身の資金管理団体の政治資金収支報告書の訂正を申請し、42万8,584円の支出を削除した。政務活動費は訂正しなかった。

　2023年2月、新聞社の取材に対して二重計上を認め、事務処理上のミスと釈明した。

解説

違反レベル
LEVEL
4

同一の領収書の写しを複数の報告書に使用することはできない。

　政治資金規正法では、収支報告書を提出するときは、これに氏名等の明細を記載した支出について、領収書等の写しを併せて提出しなければならないとされている（法第12条第2項）。

　本件のように、資金管理団体の政治資金収支報告書に添付の領収書等の写しと、所属政党の政務活動費収支報告書に添付の領収書の写しが同じということは、双方に同じ経費を計上したことになり、政治資金収支報告書の虚偽記載か政務活動費の架空請求のいずれかに該当することになる。

　同じ領収書を2度利用することは、故意であれば政治資金や政務活動費に対する国民の目を欺くものであり、過失であればあまりにも杜撰過ぎる。

　結果としては税金が充てられている政務活動費の支出として政治資金収支報告書を訂正したが、政治資金規正法は、政治資金の流れを国民の監視と批判の下に置くことを目的としているので、収支報告書自体が虚偽となれば国民はその判断基準を失ってしまうことになり、許されない。なお、収支報告書に虚偽の記入をした者は、5年以下の禁錮または100万円以下の罰金の対象となる（法第25条第1項第3号）。

第3章

上限を超えた寄附

同一の代表が営む企業から2,200万円の献金

■ 事件の概要

　2017年、衆議院議員のA氏が代表を務める所属政党のX県第3選挙区支部は、X県内の娯楽業を営む企業5社からそれぞれ280～520万円、合計2,200万円の寄附を受け取っていた。この5社は代表者と本社所在地が同一。また、この会社がグループ会社としている別の娯楽業を営む企業からも240万円の寄附を受けていた。

■ 関係者の対応など

　A氏側は、新聞社の取材に対し、「それぞれ独立した法人と認識している。量的規制には違反していない」と回答した。

解説

違反レベル
LEVEL
2

**企業が行うことのできる寄附は資本金等
に応じて年間の限度額が定められている
（法第21条の3）。**

　政治資金規正法では、企業が政党・政治資金団体に対し
て1年間に寄附をすることができる金額について、資本金
の額に応じて750万円〜1億円の範囲で上限が決められて
いる（法第21条の3）。

　本件の場合、娯楽業を営む企業5社が行うことができる
寄附額は資本金に照らし合わせるとそれぞれ750万円で
あった。政治資金規正法は1社あたりの上限額を設定して
いるので、グループや複数の関連企業が個別に寄附した場
合は、1社あたりの上限額に収まっている限り、総額がこ
れを超えても違法にはならない。ただし、この5社は代表
者と本社所在地が同一であることから、寄附の上限額を回
避するために各社に分けて寄附したのではないかとの疑い
を招きかねない。

　事実関係が精査されて、特定の者からの指示や原資の提
供を受けて寄附がされていたなど、限度額を超える寄附に
当たると認定された場合は、1年以下の禁錮または50万
円以下の罰金が科される可能性がある（法第26条第1号）。

同じ議員の関連団体に分散し、総額として上限を超える寄附

■ 事件の概要

　参議院議員A氏が関係する2つの政治団体X、Yは、A氏がかつて活動していた労働組合の政治団体Zから合計6,000万円の寄附を受けていた。

　政治団体Zは2017年、Xに3,500万円、Yに2,500万円を寄附した。政治団体の間の寄附の上限は5,000万円だが、複数の団体に寄附することでA氏に上限を超える金額が渡っていた。

　また、政治団体ZはA氏が代表を務める政党支部にも2,500万円を寄附していた。政党支部への寄附には法律上の制限はないが、A氏側への寄附の日付は3件とも同じ日付。総額8,500万円がA氏側に渡ったことになる。

　政治団体Zは、A氏と同じ労働組合で活動していた衆議院議員B氏が関連する2つの政治団体にも合計7,500万円を寄附。B氏が代表を務める政党支部には3,500万円を寄附しており、これを合せると1億1,000万円となる。

■ 関係者の対応など

　政治団体Zは、新聞社の取材に、法律に則った寄附であると回答した。

　A氏の事務所は、「団体は独立した別団体であり、法律に基づいた手続を行っている」とした。

　B氏の事務所は、「寄附は寄附者の判断で行っているものであり、特定の寄附を分散して受け取っているものではない」とした。

解説

違反レベル
LEVEL
2

政党・政治資金団体以外の政治団体が行うことができる寄附は年間5,000万円に制限される（法第22条第1項）。

　政治資金規正法上、政党・政治資金団体以外の政治団体（「その他の政治団体」という）が政党・政治資金団体に対してする寄附の額には制限がないが、その他の政治団体に対してする寄附には年間5,000万円までという上限がある（法第22条第1項）。

　本件の場合は、政治団体XはA氏の資金管理団体、政治団体Yは関係政治団体で、労働組合の政治団体Zとともに、いずれもその他の政治団体に当たる。したがって、政治団体Zから政治団体XおよびYに合計で6,000万円の寄附を行ったということは複数の政治団体に寄附することで年間5,000万円の上限規制を逃れたと疑われかねない。

　仮に、これらの寄附につき、上限を逃れるための意図やそれを指示するなどの事実等が認定され、違法と認められれば1年以下の禁錮または50万円以下の罰金が科される（法第26条第1号）。

　B氏の場合を見ても7,500万円の寄附を受けた政治団体もその他の政治団体である資金管理団体と関係政治団体であり、同様の疑いが生じかねない。

　そもそも、その他の政治団体間の寄附については従来無制限であったところ、2005年にその他の政治団体間の巨額な寄附の授受が国民の信頼を確保する観点から問題があるとして上限が設けられたものである。

　政治団体においては、このような点を考慮して行動する必要があろう。

22 迂回融資と寄附額上限超えの疑い

■ 事件の概要

　X県の知事A氏の2つの政治団体Y、Zは、2013年以降、A氏の父親から合計1,950万円、2人の妹からそれぞれ1,000万円ずつの寄附を受け取っていた。

　2018〜2020年、Yは父親から100万円、5つの政治団体から合計750万円の寄附を受けていた。5つの政治団体には父親から150万円ずつが寄附されており、それ以外には収入がなかった。

　Zに対しても2018〜2019年に合計1,000万円が寄附されている。Zには父親からの借り入れがあり、1,000万円は父親に返還されている。

　A氏は2012年の知事選挙の際、父親から1億8,000万円を借り入れており、これらの寄附は借金の債権放棄という形で行われていた。

■ 関係者の対応など

　A氏は、「迂回融資と言われても仕方がない」として返済などの手続を取るとした。また「法に対する理解が不足していた。道義的責任を痛感している」とも話した。

　返還の手続は、債権放棄で減額していた借入残高を増額する対応を取ったという。

違反レベル
LEVEL
2

個人が政党・政治資金団体以外の政治団体に対して行うことのできる寄附の総枠は年間1,000万円だが、個別の政治団体ごとの上限は年間150万円である（法第21条の3第3項、第22条第2項）。

　政治資金規正法では個人が寄附できる年間限度額は、政党・政治資金団体以外の政治団体に対しては総額で1,000万円（総枠制限）だが（法第21条の3第3項）、個別の政治団体ごとには1団体150万円と定められている（個別制限）（法第22条第2項）。

　A氏の父親が各政治団体に寄附した額は、総枠制限、個別制限には形式的には当たらないようだが、初めから限度額を超えてA氏へ寄附するための行為だったと認定されれば、1年以下の禁錮または50万円以下の罰金が科される可能性がある（法第26条第1号）。

　なお、政治資金規正法は、寄附とは金銭、物品その他の財産上の利益の供与又は交付とされており、借入金の債権も財産上の利益に該当することから、その放棄は寄附に当たる。

事例 23 実質的に個人からの寄附の上限を超える寄附

■ 事件の概要

　県知事A氏の後援会は、2013年と2014年、支援者B氏から150万円の寄附を受けたほか、B氏が寄附をした政治団体からも150万円ずつ寄附を受けていた。この政治団体にはB氏の寄附以外の収入はほとんどない。

■ 関係者の対応など

　A氏は県庁でマスコミの取材に応じ、事実関係を認めた上で、違法性の認識はなかったと釈明した。

解説

違反レベル LEVEL **2**	個人が政党・政治資金団体以外の政治団体に対して行うことのできる寄附は1団体に対して年間150万円の上限額がある（法第22条第2項）。

　政治資金規正法では、個人が政党・政治資金団体以外の1つの政治団体に対して寄附できるのは、年間150万円と限度額が定められている（法第22条第2項）。初めから別の団体を迂回させ、限度額を超えてA氏の後援会に寄附しようという意図の下に、各寄附を行ったとすれば違法と認定されるおそれがあり、1年以下の禁錮または50万円以下の罰金が科される可能性がある（法第26条第1号）。

事例
24

資金管理団体を迂回して
後援会に上限超えの寄附

■ 事件の概要

　X市の市長A氏は2020年10月、自身が代表を務める資金管理団体に200万円を寄附。この団体は同日、政治団体であるA氏の後援会に全額寄附をした。

　政治資金規正法では、市長本人が自身の後援会に寄付できる額は年150万円が上限。自身が代表の資金管理団体に対しては1,000万円が上限となる。そして資金管理団体から後援会には、5,000万円までの寄附が可能である。

　実質、個人から後援会に対し、上限を超える金額を寄附したことになる。

■ 関係者の対応など

　A氏は200万円は自己資金であり、市長選挙のための政治活動の費用とし、「特段の意図を持って処理したのではなく、全く他意はない。今回の指摘を真摯に受け止め、今後はこうした誤解が生じないように処理したい」と話した。

解説

個人が政党・政治資金団体以外の政治団体に対して行うことのできる寄附は1団体年間150万円である（法第22条第2項）。

　政治資金規正法は、個人が政党・政治資金団体以外の政治団体に対して寄附ができる年間限度額は、総額1,000万円と定めるとともに（総枠制限）（法第21条の3第3項）、1つの政治団体に対してすることができる年間限度額は1団体150万円と定めている（個別制限）（法第22条第2項）。ただし、資金管理団体の届出をした者（本件ではA氏）が当該資金管理団体に対してする寄附には、個別制限が適用されない（法第22条第3項）。

　本件はA氏が自らの資金管理団体に200万円を寄附したが、これは制限にはかからない。しかし、同日、資金管理団体から後援会に同額を寄附しているのである。他意はないと言っても、即日のうちに金銭が動いているので、後援会に対する寄附の上限を免れるため迂回献金をしたと疑われても仕方ないだろう。

事例
25

個人からの寄附の
上限を超える可能性

■ 事件の概要

　元衆議院議員のＡ氏の両親は、2017年と2019年にＡ氏の複数の地区の後援会に100〜150万円ずつを寄附。いずれも寄附の直後に、Ａ氏の資金管理団体に寄附されていた。合計すると個人献金の上限額である年150万円を超える。

■ 関係者の対応など

　この件についてＡ氏は弁護士に調査を依頼したところ、弁護士は、それぞれの寄附は量的制限の範囲内だが、実態として不適切という指摘を受ける可能性があると説明。これを受け、2021年2月にＡ氏は記者会見を開き、2017〜2019年分の政治資金収支報告書に不適切な会計処理があったことを発表し、報告書を修正した。

解説

| 違反レベル LEVEL **2** | 個人の政治活動に関する寄附は各年中において政党および政治資金団体以外の同一の者に対しては**150万円を超えること**ができない（法第22条第2項）。 |

　個人が政党・政治資金団体以外の1つの政治団体に対して寄附できるのは、150万円と限度額が定められている（法第22条第2項）。

本件は個別の寄附は寄附の量的制限には抵触しないが、金銭の流れからみて資金管理団体への寄附の上限額を回避するために複数の政治団体に寄附をしたのではないかとの疑いを招きかねない。

　限度額を超える寄附に当たると認定された場合は1年以下の禁錮または50万円以下の罰金が科される可能性がある（法第26条第1号）。

　なお、既に寄附がなされている以上、報告書を修正することで解決するものではない。寄附を各政治団体が一度収受しているのであれば、それをなかったことにすることはできず、仮に返還する場合は、返還した年の支出として計上し、収支報告書に記載して提出する必要がある。

事例 26

夫から上限を超えた寄附の疑い

■ 事件の概要

　X市の市長Ａ氏の資金管理団体は、2021年、Ａ氏の夫から500万円の寄附を受けていた。この資金管理団体が提出した収支報告書には寄附についての記載があった。

■ 関係者の対応など

　資金管理団体の責任者は新聞社の取材に応じ、「上限があるとは知らなかった」と話し、違法の認識はないとした。

　Ａ氏は、選挙資金のためにＡ氏自身の自己資金として夫に一旦用意してもらったので、夫には返却済みと説明。「選挙前で事務方が混乱し、事務処理にミスがあった。選挙用に別の口座を用意すべきだった」と話した。Ａ氏が入金した120万円でも同様の誤った処理をしており、合計620万円の収支を取り消したという。

解説

違反レベル
LEVEL
3

個人が政党・政治資金団体以外の政治団体に対して行うことのできる寄附は1団体に対し年間150万円である（法第22条第2項）。

　個人が政党・政治資金団体以外の1つの政治団体に対して寄附ができる年間限度額は、150万円である（法第22条第2項）。500万円というのは明らかに上限を超えた金額であり、収支報告書にこのような寄附が記載されて、

チェックされずに選挙管理委員会に提出されることは、極めて珍しい。政治団体の責任者がこの規定を知らなかったと言っているが、政治資金規正法の基本的な事項に関わる規定であり、責任者として知らないことは恥ずべきことと言わざるを得ない。このような事態を招いたことは、組織管理上の問題があると言われても仕方ないであろう。

　この資金が政治団体に寄附されたものでなかったとしても選挙資金として用立てたのであれば、選挙運動費用収支報告書に記載する必要が生ずる（公職選挙法第189条）。

　もしも、この500万円の寄附が行われたとしたならば、法律に違反した寄附をした者は1年以下の禁錮または50万円以下の罰金の対象となる。A氏が言うように、この寄附がなかったのであれば、それにもかかわらず、寄附が収支報告書に記載されて提出されたことにつき、虚偽の記入をしたと認定されることもあり得よう。

　故意または重過失により、虚偽記入がされたのであれば、5年以下の禁錮または100万円以下の罰金に処せられるおそれがある（法第25条第1項第3号、第27条第2項）。

事例
27

個人から政党への寄附の上限超え

■ 事件の概要

　衆議院議員のA氏は2020年に投資家B氏から自身の後援会に150万円の寄附を受けたが、誤って自分が代表を務める所属政党の衆議院X府第17支部への寄附として計上していたと発表した。

　2020年分の収支報告書によれば、A氏の所属政党本部は2020年10月にB氏から2,000万円の寄附を受け、政党支部は同日にB氏から150万円の寄附を受けたと記載されていた。

　政党への個人献金は年2,000万円までに制限されており、政党支部への寄附も合算される。

　2021年12月、この件についてA氏やB氏に対し、市民らが政治資金規正法違反（量的制限違反）容疑で告発状を大阪地検に提出した。

■ 関係者の対応など

　A氏は「後援会への寄附を、事務所のミスにより政党支部への寄附として誤って計上した」と話し、収支報告書を訂正した。

　2023年1月、大阪地検特捜部は不起訴の判断を下した。地検は理由を明らかにしていない。

違反レベル
LEVEL
3

個人が政党・政治資金団体に対して行うことができる寄附は年間2,000万円である（法第21条の3第1項第1号）。

　政治資金規正法上、個人が政党・政治資金団体に対して寄附ができる年間限度額は、2,000万円である（法第21条の3第1項第1号）。これは政党・政治資金団体すべてを通じての限度額であり、支部も含めて合算される。

　本件の場合は政党本部に2,000万円と上限いっぱい寄附しているため、当該政党の支部や仮に他の政党に寄附していれば、量的制限違反となる。

　本件では政党支部への寄附は後援会への寄附の誤りであったと説明されているが、後から付けられた理屈ではないかとの疑念をもたれても仕方ないであろう。

　なお、量的制限違反と認められた場合は、行為者は1年以下の禁錮または50万円以下の罰金が科される可能性がある（法第26条第1号）。また、違反行為により受領した寄附は没収または追徴される。

第4章

禁止者からの寄附

赤字企業からの寄附

■ 事件の概要

　現職の副大臣である衆議院議員のＡ氏が代表を務める所属政党の支部が、少なくとも2014～2016年度に赤字であった企業から2017年に36万円の寄附を受けていたことが、2017年の政治資金収支報告書で明らかになった。

■ 関係者の対応など

　この政党支部は、「寄附をした企業の業績や経営状態を把握していなかった。改めて調べたところ、赤字のときに寄附を受けていたことが判明した」として、返金の手続を行った。

解説

３事業年度以上にわたり継続して欠損を生じている会社は当該欠損が埋められるまでの間、政治活動に関する寄附をしてはならない（法第22条の４関係）。

　寄附には量的制限と質的制限がある。量的制限は金額に関するものであり、質的制限は寄附をすること自体ができるかできないかという寄附の性質に関わる制限である。

　このうちの一つが赤字企業からの寄附の禁止で、３年以上にわたって赤字の企業はそれが解消されるまで、政治活動に関する寄附をすることができない。まずは企業の欠損の解消が先決である。また、この規定に違反する寄附であることを知りながら受けてはならない。

　これに違反して寄附をした会社の役職員は50万円以下の罰金の対象となる（法第22条の４第１項、第26条の３第１項）。また、これを知りながら寄附を受けた者についても50万円以下の罰金の対象となる（法第22条の４第２項、第26条の３第２項）。政治団体は、寄附を受ける場合には寄附をしようとする者が禁止対象に当たらないか十分に確認する必要がある。

選挙前後の間接的な寄附

■ 事件の概要

　X市の市長A氏は、県議会議員だった2019年1月に同年4月の市長選挙への出馬を表明。その後、市から工事を受注する2つの事業者が、A氏が代表を務める所属政党の支部に対し、それぞれ10万円の寄附を行った。

　市長選挙前後の時期に、この寄附を含む政党支部の資金がA氏の後援会に移された。

■ 関係者の対応など

　A氏は、「自らを律する意味で寄附は上限10万円と決めており、きちんと報告しているので、やましいところはない。しかし、大変不注意であった」と釈明した。

　選挙管理委員会は、政治資金規正法では、工事受注業者が政党支部に寄附しても問題はなく、これが違法に当たるかどうかは、見解を出す立場にないとした。

解説

違反レベル
LEVEL
2

公職選挙法では市と請負関係にある事業者からの選挙に関する寄附を禁じている。

　政治資金規正法では、地方公共団体から補助金、負担金、利子補給金その他の給付金の交付の決定を受けた会社その他の法人に対する寄附の規制がある（法第22条の３）が、工事受注業者に対する寄附の規制はない。これは、仕事の受注が給付金の交付とは異なり私的契約により行われるからである。

　ただし、選挙に関する寄附については、公職選挙法に規定があり、市と請負関係にある事業者が寄附をすることと、これを受けることを禁じている（公職選挙法第199条第１項、第200条第２項）。

　本件の寄附が行われたのは市長選挙の前後の時期であり、金額の多寡にかかわらず選挙に関するかどうかが判断基準となる。時期や関係者の発言などを根拠に「選挙に関する寄附」と認定されれば、授受した者が３年以下の禁錮または50万円以下の罰金の対象となる（公職選挙法第248条、第249条）。

事例 30

談合で行政処分を受けた事業者からの献金

■ 事件の概要

　現職の大臣であるA氏が代表を務める所属政党のX県第2選挙区支部が、行政処分を受けていた電気工事業者から献金を受け取っていた。

　送電線工事の談合により2014年に公正取引委員会から課徴金納付命令と排除措置命令の行政処分を受けたこの事業者は、2014〜2016年に、毎年12万円、3年間で合計36万円を献金していた。

■ 関係者の対応など

　A氏は、閣議後記者会見で事実関係を認めた。政治資金規正法に抵触はしないとしたが、業者に返還した。

解説

違反レベル
LEVEL
1

政治資金規正法上では違反はしないが、問題視される可能性がある。

　政治資金規正法で規定されている寄附の質的制限は、①国や地方公共団体から一定の補助金を受けている法人、②国や地方公共団体から資本金の出資などを受けている法人、③赤字会社、④外国人や外国法人、⑤他人名義や匿名の寄附を禁じている。

　行政処分を受けた企業からの寄附については制限は設けられていないが、国民から問題視される可能性は十分にあると考えられる。

【類似事例】
談合事件で有罪となった企業から4年間献金を受領

■ 事件の概要

　元大臣のＡ氏が代表を務める所属政党の参議院議員選挙区第1支部が、有罪判決を受けた企業から、2014～2017年にわたり、毎年12万円の献金を受け取っていた。

　この企業は2014年9月に新幹線の雪害対策工事をめぐる談合事件で有罪判決を受け、国土交通省から同年12月から2015年2月の営業停止を命じられていた。

■ 関係者の対応など

　政治資金規正法では、有罪判決を受けた企業からの政治献金を規制してはいない。しかし、Ａ氏の事務所は道義的な責任があるとして、一部を返還する意向を示した。また支部は判決と処分のあった2014年、2015年分を返還するとした。

事例 31

政治団体が外国籍の人物からの寄附を受ける

■ 事件の概要

衆議院議員のA氏の政治団体である後援会が、2013年に外国籍の人物から1万円の寄附を受けていた。

■ 関係者の対応など

A氏は寄附を返金して政治資金収支報告書を訂正するとした。2014年にも1万2,000円の寄附を受けたが、当該人物が外国籍とわかったため、違法性のない後援会費として受け取ったと説明した。2013年分は気が付かなかったとした。

解説

> **違反レベル** LEVEL **3**
>
> **外国人、外国法人などからの寄附を受けることはできない（法第22条の5）。**

政治資金規正法は、政治家が外国の勢力から影響を受けることを防ぐため、「外国人、外国法人又はその主たる構成員が外国人若しくは外国法人である団体その他の組織」から寄附を受けることを禁じている（法第22条の5）。
違反して寄附を受けた場合は、3年以下の禁錮または50万円以下の罰金が科される可能性がある（法第26条の2第3号）。

　寄附を受ける際には可能な限り身元確認を行うなどで十分に注意する必要がある。

　なお、外国人であることを知って寄附を受けた場合などには、返金して収支報告書を訂正したとしても、法に違反した寄附を受けた事実は既遂であり、罰則の対象から免れることはできない。

事例
32

企業が秘書給与を肩代わりして
毎月約半額を上納

■ 事件の概要

　県議会議員のA氏は、2015年9月～2019年4月に自身の秘書を務めていたB氏の給与、手取り月額約38万円を県内企業X社に違法に肩代わりしてもらっていた。

　B氏はこのうち毎月19万5,000円をA氏に収めることを要求され、現金で渡していたという。年間の合計金額は234万円となり、政治資金規正法で定められた個人からの寄附の年間上限額150万円を超える。

　収支報告書では150万円について後援会に対する寄附としたが、上限を超える金額については記載せず、雑所得として扱っていた。

　また、A氏は県議会事務局に対して、人件費として支出した2016年度の48万円、2017年度の30万円について政務活動費から充当したという虚偽の報告をしており、返還を免れた疑いがあると市民オンブズマンが県警に告発した。

■ 関係者の対応など

　元秘書のB氏は退職後に現金で渡していた分を返還するよう求めたが、A氏は後援会への寄附と主張。234万円から上限の150万円を差し引いた年間84万円の3年間分、合計252万円を返金するとした。

　これに対し、政務活動費の詐欺の疑いについて捜査が進まないこともあり、B氏は現金で渡した838万5,000円の支払いを求めて地裁に提訴した。

　2023年2月、A氏と彼の事務所関係者2名は、政務活動費をだまし取ったとして、詐欺の疑いで書類送検されたが、2023年4月に不起訴処分となった。A氏は県議会議長を務めていたが辞任

し、次回の県議会議員選挙には立候補しないと明らかにした。

　なお、市民オンブズマンの指摘に対しては、A氏は、政務活動費から充当したという報告について、「事務的なミス」と説明。2020年7月、人件費として報告した2015年度の約38万円、2016年度の48万円、2017年度の30万円を返還した。

解説

違反レベル
LEVEL
4

秘書の給与を会社が肩代わりした場合は企業・団体の寄附の禁止に抵触する。

　第1に、本来A氏が支払うべき秘書給与を企業が肩代わりして支払ったというのであれば、企業がA氏の債務を支払ったことになり寄附に当たる。企業からの寄附は政党・政治資金団体以外の政治団体や政治家個人は受けてはならないので、法に違反することとなる（法第21条第1項）。

　第2に、政治資金規正法上、政党・政治資金団体以外の政治団体に寄附できるのは年間150万円までであり、これを超えて寄附したということは法に違反する（法第22条第2項）。たとえ、返金したとしても政治団体として収受した以上は既遂と判断される。

　また、政治活動に関する寄附のあっせんをする場合に、寄附する者の意思に反して、その者の賃金などからの控除による方法で寄附を集めてはならない（法第22条の7第2項）。

　実際に企業が秘書の給与を支払っていたにもかかわらず政務活動費の請求が行われていたとしたら、詐欺に当たるおそれがある。

　なお、国会議員の秘書については議員が所属する政党やその支部、後援団体等に対する寄附の勧誘・要求は禁止されている（国会議員秘書給与法第21条の3）。

選挙の遊説で使用した船の
チャーター代が未払い

■ 事件の概要

　衆議院議員のA氏は、2017年10月、衆議院議員選挙にあたり、離島で遊説するために離島航路を運航していたX社（破産手続中）から船をチャーターした。遊説当日に借り、夕方には本土の事務所に戻った。しかし収支報告書にはこの船のチャーター代などは記載されていなかった。

　A氏側は支払いをしておらず、チャーターに関する支払いの契約書も交わしていなかった。

　A氏は所属政党で離島振興を担当しており、X社が運航していた定期船はすべてA氏の選挙区内を通航していた。またA氏はX社の社長と頻繁に会う仲であり、補助金に関する陳情も受けていた。

　X社は2016年度までに、合計約17億円の離島航路運賃低廉化補助金を受け取っているが、この原資は国庫金である。

■ 関係者の対応など

　2018年12月、新聞社の指摘により、A氏の事務所はX社の破産管財人に代金の請求を依頼し、1年以上ぶりに19万4,400円を支払い、収支報告書には交通費として追加で記載した。

　A氏の秘書は、払うつもりだったが選挙中でバタバタしており、請求書が来ていないことに気づかなかったとした。

解説

違反レベル
LEVEL
3

企業などの団体は政治家個人に政治活動に関する寄附をしてはいけない（法第21条第1項）。

　政治資金規正法では公職の候補者（政治家個人）は企業・労働組合等からの政治活動に関する寄附を受けることは一切禁止されている（法第21条第1項）。

　また、選挙運動に要した費用については、選挙運動費用収支報告書に記載する必要がある（公職選挙法第189条）。選挙運動費用には上限が設けられており（公職選挙法第194条）、報告しないことにより、この制限の実効性が失われるというおそれもある。

　本件についても、もしも指摘がなかったとしたら、船のチャーター費用は支払われなかったおそれがあり、そうなれば会社からＡ氏に対する寄附と認められ、政治資金規正法違反となる。この場合は1年以下の禁錮刑または50万円以下の罰金が科せられる（法第26条第1号）。

　また、寄附に当たらない場合であっても、選挙運動費用収支報告書に支出の記載がないのであるから、不記載罪または虚偽記入罪に問われるおそれがある（公職選挙法第246条）。

　なお、政治資金規正法第22条の3第1項は、国から補助金等の交付決定を受けた会社その他の法人の政治活動に関する寄附を禁止しているが、これは国が交付決定をしたことが要件で、原資については制約がない。

　本件では支払いの契約書を交わしておらず、1年以上も経って新聞社の指摘を受けてから支払うという極めて杜撰な資金管理といえよう。

第5章

書類の不備

政治資金収支報告書を
2年間未提出だったのに活動

■ 事件の概要

　X市にある政治団体Yは、2019年、2020年の2年間、政治資金収支報告書を提出しておらず、2021年4月以降は政治活動が禁じられていたが、活動を継続していた。

　ほかの政治団体が提出した収支報告書によれば、Yは2019年と2020年で少なくとも177万5,000円の寄附を受けていたことが明らかになった。なお、2020年には少なくとも10団体から合計89万2,200円の寄付があったことがわかっている。また、衆議院議員（当時）のA氏が代表を務めた政党支部に2020年5月、6万円を寄附している。

■ 関係者の対応など

　Yの関係者によれば、担当者が報告書の提出義務を怠り、チェック機能も働いていなかったという。詳しい経緯を調査したうえで解散届の提出に向け、清算するとした。

解説

違反レベル
LEVEL
3

政治団体は毎年、政治資金収支報告書を作成して提出しなければならない。2年連続で提出しなかった団体は、政治団体として届け出ていない団体とみなされる（法第12条第1項、第17条第2項）。

　政治団体は、毎年1月1日からの収支について12月31日現在の収支報告書を作成し、翌年の3月31日（国会議員関係政治団体は5月31日）までに提出しなければならない（法第12条第1項）。

　政治資金規正法は、政治資金の流れを国民の監視と批判の下に置くことを目的としているが、収支報告書を提出しないのでは、国民が監視することもできなくなり、法の趣旨を没却するものである。

　また、政治団体が収支報告書を2年連続で提出しなかった場合は、2年目の提出期限が過ぎた日から政治団体の設立の届出をしていないものとみなされ（みなし解散団体）（法第17条第2項）、政治活動のための寄附を受けたり支出をしたりすることができなくなり（法第8条）、実質的に政治団体としての活動を行うことができない。

　本件の場合、2年連続で期限内に収支報告書を提出していないため、故意または重過失による未提出につき、その団体の会計責任者に対し5年以下の禁錮または100万円以下の罰金が科される可能性がある（法第25条第1項第1号、第27条第2項）のみならず、「みなし解散団体」が政治活動のための寄附を受けたり支出した場合にも該当し、違反行為を行った者は5年以下の禁錮または100万円以下の罰金などの罰則を受ける可能性がある（法第23条）。

【類似事例】
6年分の政治資金収支報告書を未提出、解散届も出さないまま寄附を受領

■ 事件の概要

　X県の県議会議員A氏の政治団体は、2016〜2021年の6年分の政治資金収支報告書を提出していなかった。

　X県の選挙管理委員会は、2016年、2017年の提出がなかったため、2018年4月以降に寄附を受けることなどを禁じ、解散届の提出を求めた。

　しかし、解散届を提出しないまま、2020年9月に同県の県議会議員B氏の関連政治団体から50万円の寄附を受けた。

■ 関係者の対応など

　A氏は、「確認ができておらず申し訳ない。未提出分や解散届の提出準備を始める」とした。

事例
35

政治団体の届出をしないまま、年会費を受領

■ 事件の概要

　X市の市長A氏の後援会は、政治団体の届出をしないまま、2017年、2018年に町会連合会から年会費を1万円ずつ受け取っていた。2019年2月、市民が後援会幹部と町会連合会長ら4人を政治資金規正法違反の容疑で所轄署に刑事告発した。

■ 関係者の対応など

　書類送検される前に、A氏の後援会長は政治団体の届出をし、年会費を返還した。

　所轄署は2020年3月、当時の後援会の幹部らを政治資金規正法違反の疑いで地検に書類送検した。同年4月地検は不起訴の判断を下した。

解説

違反レベル
LEVEL **3**

政治団体は設立の届出をしたあとでなければ、政治活動のために寄附を受けたり支出をすることができない（法第8条）。

　政治団体を結成したら7日以内に設立届を文書で提出しなければならず、その提出がされる前にはいかなる名義であっても政治活動のために寄附を受けたり支出をすることはできないと規定されている（法第8条）。これに違反し

た場合、5年以下の禁錮または100万円以下の罰金が科される可能性がある（法第23条）。

　しかし、そもそも町会連合会が団体であれば、会費という名目であったとしても団体の会費は寄附とみなされ（法第5条第2項）、政党・政治資金団体以外の政治団体に対して支払うことはできない。一旦収受がなされたならば、返還したとしても既遂となる。

　政治団体関係者は政治資金規正法の最低限の知識は持ち合わせておくべきであろう。

事例 **36**

政治団体設立の届出前に寄附を受領

■ 事件の概要

　X県の保育関連団体Aは、保育に関する請願活動のため、加盟する保育所の職員や保護者などにカンパを呼びかけ、集めた資金を助成金の名目で保育関連団体Bに支出していた。

　同県の選挙管理委員会は、団体Bはその規約や政治資金パーティー券の購入などを行っている活動状況から、政治活動が主目的であるとした。しかし、当時は政治団体としての届出はなされていなかったため、政治団体設立の届出前の寄附の受領や支出は、政治資金規正法に抵触するおそれがあるとして、団体Aと団体Bを口頭で注意した。

　また、これに先立って、保育関連団体AはBの親組織である東京の保育関連団体Cに100万円を支出している。団体Cは政治団体であり、団体Aからの支出は政治団体への寄附に当たるおそれがあるともしている。

■ 関係者の対応など

　両団体とも、請願活動に必要な経費で寄附の認識はなかったと発表したが、県選挙管理委員会の指摘を受けて是正し、関係者に心配をかけて申し訳ないとコメントした。

　団体Bは政治団体の届出をして受理された。

解説

違反レベル
LEVEL
3

政治団体は設立の届出をしたあとでなければ、政治活動のために寄附を行うことはできない（法第8条）。

　政治団体を結成したら7日以内に設立届を文書で提出しなければならず、その提出がされる前にはいかなる名義であっても政治活動のために寄附を受けたり支出をすることはできない（法第8条）。これに違反した場合、5年以下の禁錮または100万円以下の罰金が科される可能性がある（法第23条）。

　なお、文化団体や労働団体のように外見上は政治目的以外の目的を掲げている団体でも、事実上、政治活動を主たる活動として行っていれば政治団体に該当する。ただし、普段は文化活動などを行っていて、選挙のときだけ特定の候補者を支持するような団体は政治団体に該当しない。

　本件については県選挙管理委員会が団体の政治活動について実質的に調査・判断を行っているように見受けられるが、政治活動の自由の保障の観点から選挙管理委員会にそのような権限はない。

事例
37

提出義務のある領収書を
8か月分紛失

■ 事件の概要

　参議院議員のA氏が代表を務める政治団体は2018年に約1,275万円の支出があったが、5月以降の8か月間のすべての領収書、約1,097万円分を紛失していた。政治資金収支報告書では、そのうち約607万円について使途不明、約490万円分は領収書亡失と記載した。

　領収書はA氏が代表の政治団体の事務所がある参議院議員会館で保管していたが、2019年7月の参議院議員選挙の際、地元の県の選挙事務所に送付した。選挙後に領収書の紛失が判明した。

■ 関係者の対応など

　領収書亡失とした分は銀行の通帳で支出先を確認することができた。政治団体の会計担当者は、「大変な失態、二度と起こさないようにしたい」と話した。

　総務省政治資金課は、紛失した場合は再発行などを促すが、それでも提出できない場合は公表して有権者に判断してもらうとしている。

解説

違反レベル
LEVEL
3

政治団体の会計責任者は、会計帳簿、明細書、領収書等および振込明細書を政治団体の収支報告書の要旨が官報または都道府県の公報で公表された日から3年間保存しなければならない（法第16条第1項）。

政治資金規正法により政治団体は毎年政治資金収支報告書の提出を義務付けられており、政治団体の種類に応じて次のとおり支出を受けた者の氏名などの明細を収支報告書に記載しなければならない。また会計責任者は、この支出を証明する領収書等の写しも同時に提出しなければならない。

・国会議員関係政治団体は人件費以外で1件あたりの金額が1万円を超える支出（法第19条の10）
・資金管理団体（国会議員関係政治団体を除く）は人件費以外で1件あたりの金額が5万円以上の支出（法第19条の5の2）
・それ以外の政治団体は政治活動費で1件あたりの金額が5万円を超える支出（法第12条第1項第2号、第2項）

　そして、会計責任者は、領収書等を官報や公報で要旨が公表されてから3年間保存しなければならない（法第16条第1項）。これらの証拠書類がなければ、収支報告書の真実性に疑いが生じかねなくなるため、紛失は許されない。これに違反して故意または重過失により領収書等を保存しない者は3年以下の禁錮または50万円以下の罰金が科される可能性がある（法第24条第4号）。また、収支報告書に併せて提出すべき領収書等の写しを提出しなかった者は5年以下の禁錮または100万円以下の罰金が科される可能性がある（法第25条第1項第1号）。
　なお、国会議員関係政治団体が政治資金監査を受ける際において、領収書等を紛失した場合などに「領収書等亡失一覧表」を作成することが求められるが、これを作成したとしても政治資金規正法上領収書等の保存義務、領収書等の写しの提出義務が免除されるわけではない。

事例 **38**

資金管理団体が２年分の収支報告書を提出せず解散したが、解散後も残金が存在

■ 事件の概要

　X市の市長Ａ氏の資金管理団体は、2018年と2019年の収支報告書を提出せず、2020年4月から無届け団体とみなされることとなり、政治活動のために寄附を受けたり支出したりすることができなくなった。

　2017年分の収支報告書によれば、前年からの繰越金が約58万円、所属政党の県連から寄附された活動費約105万円の収入があったが、支出はなく、約163万円を2018年に繰り越していた。2018年は支出がなく、そのまま2019年に繰り越した。同年の収入は所属政党県連からの寄附88万円を加え約251万円で、県議会議員選挙などでの支出が約160万円だったため、約90万円を2020年に繰り越した。

■ 関係者の対応など

　Ａ氏は、「2018年分は提出したと思い込んでいた。2019年分は提出が間に合わなかった」と話した。

　2020年6月、2018年・2019年分と、2020年1〜5月の収支報告書と資金管理団体の解散届を提出。新たに同名の資金管理団体を届け出た。

　解散した政治団体の残金については法令には定めがないが、解散した資金管理団体の約90万円の残金についてＡ氏は「政治家の寄附を禁じた公職選挙法に抵触するおそれがあるため、公職を退いたあとに所属政党の県連に返還したい」とした。

解説

2年連続で政治資金収支報告書を提出しなかった団体は、政治活動のために寄附を受けたり支出をすることができない（法第17条第2項）。

　2年連続で収支報告書を提出していない政治団体は、政治活動のための寄附を受けたり支出をしたりすることができなくなる（法第17条第2項）。解散などの日現在で、収入・支出・資産の状況について記載するが、事実として残金がある場合はありのままに報告すべきものである。作為的に偽ると虚偽記載に該当することになる。

　解散届を出した政治団体は、もはや政治団体ではないが、任意団体となり、政治資金規正法上、政治団体以外の団体としての寄附制限の対象となる。A氏が公職選挙法の寄附禁止に言及しているが、その前段階として団体の資金をA氏個人に渡すというのであれば政治資金規正法の団体からの寄附制限に抵触するおそれがある。

第6章

地位利用

副大臣秘書が民放幹部に
政治資金パーティーの案内状と
振込用紙を手渡し

■ 事件の概要

　衆議院議員のA氏が総務副大臣に就任した際、同氏の秘書が民放数社の幹部に対し、政治資金パーティーの案内状と参加費2万円の振込用紙を手渡した。総務省は放送局の監督官庁でA氏は放送行政を所管している。

　民放訪問の際、秘書からパーティーに関して触れることはなかったが、案内状には「ふるってご参加ください」と記されていた。

■ 関係者の対応など

　A氏の事務所は、「報道的に関心があればと考え、案内状を差しあげたが、振込用紙が入っていたのであれば誠に不適切であり、今後このようなことがないように努める」と説明した。また、パーティーについては、特定の業種との関係を深めるようなものではないとした。

　民放幹部でパーティー券を購入した者はいなかった。

解説

違反レベル LEVEL **1**	政治資金パーティーの対価の支払いをあっせんする際、相手方に対して不当にその意思を拘束するような方法であっせんを行ってはならない（法第22条の7第1項）。

　政治資金規正法は、政治資金パーティーのパーティー券の購入のあっせんをする場合は、不当にその意思を拘束するような方法でしてはならないと規定されている（法第22条の7第1項、第22条の8第4項）。「不当にその意思を拘束するような方法」とは、業務・雇用その他の関係や組織の影響力を利用して威迫すること、威迫にまで至らないとしてもなんらかの不利益を与えることを示して相手方の意思を拘束するような方法で働きかけることを指す。

　しかし、規制の対象となるのは「対価の支払のあっせん」であって、これは対価の支払を集めてこれを政治団体等に提供することと解されている（法第10条第3項、第22条の8）ため、本件の場合、単なる参加の呼びかけをした秘書の行為はあっせんに該当するとは言い難く、民放側がパーティー券を購入したとしても法的な規制はない。

　また、「国務大臣、副大臣及び大臣政務官規範」においては、大規模パーティーの開催自粛や関係業者から供応接待や贈物、便宜供与を受けることは規制されているものの、パーティー券の販売についての規定はない。

　なお、政治資金規正法は一般職の公務員が政治資金パーティーの対価の支払へ関与することを禁止しているが、国会議員の秘書はこの規制の対象ではない。

　しかし、放送局を監督する立場から案内状やパーティー券の振込用紙を提供することは、民放側にパーティー券を買うよう圧力をかけていると受け取られる可能性があるので問題視されることは否めない。

公務員が政治資金パーティーの 案内を部下に配布

■ 事件の概要

　2021年5月、A区の2人の区議会議員は、元都議会議員のB氏が開催する政治資金パーティーの案内状をA区の幹部職員19人に渡した。このうち9人が部下に渡し、中には参加を促した者もいた。

　政治資金パーティーはオンライン形式で開かれ、会費は1人5,000円。案内状を受け取った職員は82人で、うち参加費を支払ったのは38人、参加したのは10人であった。

■ 関係者の対応など

　2022年1月、2人の区議会議員と8人の幹部職員の合計10人は政治資金規正法違反容疑で書類送検された。

　2022年3月、2人の区議会議員と2人の幹部職員を略式起訴。残り6人の職員は不起訴となった。略式起訴された2人の幹部職員は罰金10万円の略式命令を受け、減給処分となった。不起訴となった幹部職員は訓告処分となった。

　同じく2022年3月、2人の区議会議員はパーティー券を区の職員に配布したことを認めたうえで、「購入を強制するつもりはなかった。迷惑をかけた」とコメントし、議員辞職をした。

　また、同区の区長は「区政に対する信頼を著しく失墜させたことをお詫びする」とコメントし、自身の給料の3割、2人の副区長の給料の1割をそれぞれ3か月減額するとした。

　案内状を部下に渡した部長ら9人の幹部職員は、区の調査に「法律の理解不足や公務員の政治的中立性に対する認識の甘さがあった」として全員が案内状の配布が政治資金規正法に違反するとは思っていなかったと話した。

解説

違反レベル
LEVEL
4

公務員などがその地位を利用して政治資金パーティーへの参加を要求してはならない（法第22条の9）。

　政治資金規正法では、国もしくは地方公共団体の一般職の公務員等が、その地位を利用して、政治資金パーティーに対価を支払って参加することを要求したり、対価の支払いを受けたり、または他者が行うこれらの行為に関与してはならない（法第22条の9第1項）。一般職の公務員の政治的中立性が求められるためである。

　一方、議員等は政治活動を禁止されているものではないため、この制限はない。しかし、一般職の公務員に対し、上記の禁止行為を求めてはならないと規定されている（法第22条の9第2項）。

　これらに違反した者は、6か月以下の禁錮または30万円以下の罰金の対象となる（法第26条の4第3号、第4号）。

　本件においては、政治的中立性を求められる区の部長等一般職の公務員が、部下に政治資金パーティーへの参加を促すなど、地位を利用したパーティー券の販売に関与しており、また区議会議員はこれらの行為を求めたのであるため、罰則は免れない。

自身が理事長を務める施設の
職員から寄附金として献金を集金

■ 事件の概要

　県議会議員のA氏が理事長を務める社会福祉法人Xは、運営する施設の職員から寄附金を集め、A氏の資金管理団体に献金していた。

　同法人が運営する3か所の障害者施設などには109人の職員がおり、給料日などに1人約2,000〜1万円を集めて寄附していた。事件発覚の20年以上前から行われており、総額は2億円を超える。

■ 関係者の対応など

　法人Xの事務局長は、記者会見を開き、職員に強制したという認識はないが説明が不十分だったと話し、事件発覚後、外部からの指摘を受け、寄附金を集めるのをやめたと説明した。A氏は知らなかったとしている。

　施設の職員は、新聞社の取材に対し、問題だと思っていても口に出すことはできなかったと話した。

解説

違反レベル
LEVEL
1

政治活動に関する寄附に係る寄附のあっせんをする者は寄附をしようとする者の意思に反して、その者の賃金、工賃、下請代金その他性質上これらに類するものからの控除による方法で寄附を集めてはならない（法第22条の7第2項）。

　政治献金は本来個人の自由な意思に基づいて、自発的に行うものである。政治資金規正法では、「政治活動に関する寄附に係る寄附のあつせんをする場合、相手方に対し業務、雇用その他の関係又は組織の影響力を利用して威迫する等、不当にその意思を拘束するような方法で、当該寄附のあつせんに係る行為をしてはならない」「政治活動に関する寄附に係る寄附のあつせんをする者は、いかなる方法をもつてするを問わず、寄附をしようとする者の意思に反して、その者の賃金、工賃、下請代金その他性質上これらに類するものからの控除による方法で、当該寄附を集めてはならない」（法第22条の7）と、雇用関係などを利用して不当に意思を拘束して寄附をあっせんすることを禁じている。ただし、寄附のあっせんとは「特定の政治団体又は公職の候補者のために政治活動に関する寄附を集めて、これを当該政治団体又は公職の候補者に提供することをいう」（法第10条第2項）をいうので、職員が個々に資金管理団体に支払をする場合は対象にならない。

　しかしながら本件では、A氏は理事長であり、法に触れることはなかったとしても雇用関係などから職員に対する圧力があったと言われても仕方ないであろう。

第7章

買　収

選挙前に地元議員らに
現金を渡し、買収容疑で逮捕

■ 事件の概要

　大臣経験者で衆議院議員のA氏は、妻である参議院議員B氏とともに、B氏自身が2019年に行われた参議院議員選挙における所属政党の公認候補となった直後の2019年の3月～8月にかけて、地元の県議会議員や市議会議員など100人に合計約2,900万円を渡したとして2020年6月に公職選挙法違反（買収）で逮捕された。

　A氏は地元議員や後援会関係者95人に、B氏は地元議員5人に現金を渡した。

　政治団体の間で現金の授受を寄附として処理することは可能だが、政治資金収支報告書に記載し、領収書を添付しなければならない。A氏、B氏とも領収書の発行を求めていなかった。

　また、A氏、B氏の所属政党はA氏らがそれぞれ代表を務める政党支部に合計1億5,000万円を交付したが、そのうち、選挙にかかった費用として報告されたのは約2,600万円で、1億2,000万円以上が使途不明となっていた。収支報告書によれば、支出は人件費、事務所開設費などであった。

　公職選挙法では、当選するために選挙運動で使った資金を選挙運動費用収支報告書としてまとめ、投開票日から15日以内に選挙管理委員会に提出することを義務付けている。ただし、政治家の当選目的以外の活動は政治活動とされ、これにかかる収支は政治資金収支報告書に1年分（1～12月分）をまとめ、翌年3月末までに提出することが義務付けられている。

　所属政党からの交付金は、参議院議員選挙の公示前に政治活動として使われた可能性が高いと考えられる。

■ 関係者の対応など

　A氏、B氏ともに現金提供を認めた一方、当選祝いや陣中見舞いであり、買収資金ではないと主張した。領収書を求めなかった理由についてB氏は、個人献金として渡したもので領収書は必要ではないとした。

　現金の名目は2019年4月に行われた統一地方選挙の陣中見舞いや当選祝いなどで、現金を提供された側の大半がA氏、B氏の言動から票の取りまとめ依頼の意図を感じたと説明。中にはA氏から「Bをよろしくと言われた」と話す者もいた。訪問を受けた県議会議員の中の一人は「参議院議員選挙の前なので票の取りまとめ依頼と受け取ることができる。だから受け取らなかった」と話した。別の県議会議員は、県議会議員選挙で当選した当日、B氏が当選祝いとして封筒を差し出したが、現金だと推測してその場で返却した。参議院議員選挙の話は出なかった。

　A氏、B氏から200万円を受け取ったとされる県議会議員は、50万円は個人的に使い、150万円は寄附として処理したと説明。この件については、議員辞職になっても仕方がないと述べた。政治資金収支報告書に受領したことを記載した政治家は5名。検察の聴取後、受け取った記憶があったので記載した、寄附にあたると考え記載したなどと話している。不記載とした政治家は、その理由を「返金した」「領収書を出せていない」「金は検察に提出した」などと説明した。

　2020年6月、市長や町長、町議会議員などが現金を受け取ったことを認めて辞職した。

　2021年1月、東京地裁はB氏に対し、A氏と共謀して集票依頼などを目的に地元議員4人に対し現金160万円を渡したとして、公職選挙法違反（買収など）罪で懲役1年4か月、執行猶予5年（求刑1年6か月）の有罪判決を言い渡した。なお、現金を供与した他の1人についてはA氏との共謀は認められないとして無罪とした。

現金授受の際に領収書を取り交わさず、B氏自身が口裏合わせの電話をしていることなどから、買収の意図があったとしている。選挙の公正を害する行為で責任は重いとした。

　B氏は陳謝し、控訴しないことを表明し、刑が確定した。

　2021年3月、それまで無罪を主張していたA氏は一転、起訴内容の大半を認め、議員辞職の意向を示した。これまでの公判で100人のうち94人が現金供与について票の取りまとめの趣旨があったことを認めている。

　同年6月、東京地裁はA氏に対し、B氏の選挙運動における総括主宰者であり、票の取りまとめなどを期待して現金を供与したとして、公職選挙法違反（買収など）罪で懲役3年、追徴金130万円（求刑懲役4年、追徴金150万円）の有罪判決を言い渡した。拒む者に対して何度も受領を迫ったり、無理やり受け取らせるなど悪質な態様もあり、対象者や金額も大きく、選挙買収の事案の中でも刑事責任は際立って重いとした。A氏は判決言い渡し後、即日控訴していたが、控訴を取り下げ、実刑が確定した。

　現金を受領した地元議員ら100人については、東京地検特捜部で刑事処分が検討されたものの、受動的立場であったなどとして当初は全員を不起訴とされた。しかし市民団体らが、「買収の意図を認識しながら現金を受領しており、数十万円を受け取った議員らもいて、選挙の公平性を害した責任がある。不起訴は過去の事案と比べて不公平」として検察審査会に審査を申し立てた。

　2022年1月、東京検察審査会は、地元政治家100人のうち35人を起訴相当、46人を不起訴不当と議決。これを受け、東京地検特捜部は、起訴相当と議決された35人のうち体調不良の1人を除く34人を公職選挙法違反（被買収）罪で起訴、不起訴不当と議決された46人は再び不起訴不当（起訴猶予）処分とする方針を決めた。

　同年3月、地検などは9人を在宅起訴、25人を略式起訴した。略式起訴された市議会議員の一人は起訴内容について認めたもの

の一部は買収資金ではなく陣中見舞いとしたうえで、捜査を始めてから2年以上が経過しており、5年の公民権停止は重いとして短縮を求め、正式裁判を請求した。しかし、地裁は選挙の公正を著しく損ねる買収であり短縮を考慮するほど軽い事案ではないとして退けた。

解説

違反レベル
LEVEL
5

選挙における買収罪は極めて重い犯罪である（公職選挙法第221条第1項第1号）。

　買収は公正な選挙の実現を害する、非常に重大な犯罪である。公職選挙法は、当選を得もしくは得しめまたは得しめない目的をもって選挙人または選挙運動者に対し、金銭、物品その他財産上の利益の供与、その供与の申込みもしくは約束をしたときは、3年以下の懲役もしくは禁錮または50万円以下の罰金に処すると規定している（公職選挙法第221条第1項第1号）。

　たとえ具体的な選挙応援や投票依頼などの支援依頼がなくても、配布の時期や受け渡しの状況、両者の関係性などから総合的にみて買収にあたると判断される可能性がある。

　金銭に限らず、物品の提供や供応接待なども対象となり、実際に渡さず、約束するだけでも違反となる。

　なお、買収罪の成立には金額の多寡は問わない。また、買収に応じたり、買収を促したりした者も処罰される。

第8章

違法な寄附

後援団体が法人会員を募り、
207万円あまりを受領

■ 事件の概要

2019年7月、参議院議員選挙の立候補予定者A氏が記者会見を開き、自身の後援団体が法人会員を募って2016〜2019年に77社から合計207万3,000円を受け取っていたと発表した。

■ 関係者の対応など

A氏は、「後援団体は支持者に任せていた。献金への認識が不足していた」と謝罪し、全額返金して政治資金収支報告書を訂正するとした。

解説

会社などの団体が、政治家個人や後援会へ寄附することはできない（法第21条第1項）。

　政治資金規正法では、会社、労働組合やその他の団体などが寄附を行うことができる対象は、政党および政治資金団体に限定しており、政治家個人や後援会へ寄附することはできない（法第21条第1項）。また、会費名目で支払うことについて、企業団体献金の脱法を封ずるため、「団体が負担する党費または会費は寄附とみなす」と規定されている（法第5条第2項）。会社などの団体に対して政党・政治資金団体以外の者に対する寄附の勧誘や要求をすることも禁じられている。

　これらに違反した場合、1年以下の禁錮または50万円以下の罰金の対象になる（法第26条第1号、第2号）。

　一旦後援団体が収受した以上、違法な寄附の授受は既遂であり、全額返金して収支報告書を訂正したとしても違法な事実がなくなるわけではない。

政党や政党支部ではない
政治団体が、年会費を受領

■ 事件の概要

　政治資金規正法上、政党や政党支部ではない政治団体は、企業
や団体から会費を受け取ることができない決まりになっている
が、参議院議員Ａ氏の後援会は、2010～2016年の7年間に、複数
の企業や団体から入金を受けていた。

　後援会の年会費は1口5,000円。同後援会では金融機関の払込
取扱票を用意しており、2010～2014年は「後援会年会費」5,000
円×口数と金額を記入する形式で、2015年、2016年は「後援会
費」と個人寄附のいずれかに○をつける形式だった。

　会社名や店舗名などで後援会年会費や後援会費として入金した
と見られる払込取扱票は、5,000円～50,000円で少なくとものべ
63件で合計66万円。このほか、名目の記載のない法人の払込取
扱票が20件、合計31万8,000円分あった。

■ 関係者の対応など

　Ａ氏の事務所は、払込取扱票に法人名義があれば振り込みの趣
旨を確認し、個人の寄附か後援会費かで処理しているとして、一
部は後援会費であることを認めた。法人寄附とする場合は、政党
の総支部への寄附かを改めて確認して、収支報告書に記載してい
るので問題はないとした。

　一方、振り込みを行った複数の団体は、法人として後援会年会
費を支払ったと回答している。

違反レベル
LEVEL
3

会社などの団体から政党・政治資金団体以外の政治団体には寄附ができない（法第21条第1項）。

　会社、労働組合・職員団体、その他の団体は、政党・政治資金団体以外の政治団体や政治家個人に対しては寄附をすることが禁じられている（法第21条第1項）。

　政治資金規正法は、団体が会費名目で支払うことについて、企業・団体献金の脱法を封ずるため、「団体が負担する党費または会費は、寄附とみなす」と規定（法第5条第2項）されている。したがって、党費・会費という名目でも、団体から政党、政治資金団体以外への資金の譲渡は禁止される。

　Ａ氏の事務所は、確認することなどにより問題ないと言っているが、要は誰が資金の拠出を行い、どの団体に渡したかということで、拠出者が団体で後援会あてに拠出したのであれば、団体からの違法な寄附と認定されることは言うまでもない。

便宜を図ってほしいという意図のある現金を受け取った

■ 事件の概要

　電力会社Ｘの発電所があるＹ町の町長Ａ氏が、初当選した2018年、建設会社ＺのＷ県にある支店長とＺ社の顧問と面談した際、100万円の現金を受け取っていたが、翌年、返却した。

　Ｚ社は電力会社Ｘの下請けとして、以前からＹ町の発電所工事を受注していた。

　2020年4月、市民団体はＡ氏を政治資金規正法違反容疑で地検に告発した。告発状では、Ａ氏は100万円を受け取ったが、後援会関係者に明細書を提出しなかったなどとしている。

■ 関係者の対応など

　Ａ氏は2019年12月に100万円を返却しているが、自身の政治団体の政治資金収支報告書に100万円の受領を記載しておらず、記者会見では釈明に追われた。

　Ｚ社は2020年1月、新聞社の取材に対し、Ｙ町にある発電所での工事を受注する目的で町長Ａ氏に渡したことを認めたが、当選祝いの挨拶として訪問し渡したもので、営業手法の一つであり、Ｗ県の支店長の独自判断であるとした。

　電力会社Ｘへの聞き取りでは、Ａ氏からの働きかけは確認できなかった。

　Ａ氏は新聞社の取材に対し、告発されたことを重く受け止めるとし、捜査には全面的に協力すること、信頼を回復できるように町政に向き合うことなどを話した。

　2021年6月、地検は、証拠を総合的に検討した結果、告発事実

を認定するに足りる証拠が認められなかったとして不起訴（嫌疑不十分）とした。

　同年11月、検察審査会はこの処分について、審査申立時点で既に公訴時効が完成していると指摘、被疑事実の認定は困難であり、検察官が嫌疑不十分としたこともやむを得ないとし、不起訴相当と議決した。

解説

違反レベル
LEVEL
2

その他の政治団体は会社などの団体から寄附を受けることができない（法第21条・第21条の3〜第22条の2関係）。

　政治団体は毎年の収入と支出、政治資金の運用について会計帳簿に記載し、12月31日現在の状況を政治資金収支報告書として提出しなければならない（法第12条）。一旦政治団体として寄附を収受したのであれば、収支報告書にその旨を記載しなければならない。

　本件の場合、後援会は、政党・政治資金団体以外の政治団体であり、会社などの団体から寄附を受けることができない（法第21条第1項）。

　政治資金収支報告書への記載がないことのみならず、政治資金規正法で禁止されている寄附の授受の可能性が否定できない。

市議会議員選挙の
立候補予定者に現金を渡す

■ 事件の概要

　X市の市長A氏が、2021年3月に行われた市議会議員選挙の立候補予定者に対し、現金が入った封筒を配っていた。

■ 関係者の対応など

　ある候補者は2月28日にA氏から当選祈願の為書きと現金入りの封筒を渡された。心配になってその日のうちに返却した。別の候補者は、A氏の親族から現金3万円が入った封筒を受け取ったが、翌日に返却した。「A氏から後援会に対する寄附という説明はなかった」とする候補者もいた。

　A氏は、現金の配布を認めたうえで、あくまで後援会への寄附なので違法性はないと説明。「ただ、迷惑がかかると思うので回収する」と話した。

　選挙区内の寄附行為は禁じられているが、政党や後援団体間の寄附なら政治資金規正法に基づいて政治資金収支報告書に記載すれば問題はない。

解説

違反レベル
LEVEL
2

公職の候補者等は選挙区内にある者に対して寄附を禁止されているが政治団体に対するものは禁止の対象外である（公職選挙法第199条の2第1項）。

　公職選挙法では、公職の候補者等（現職にある者を含む）が、選挙区内で寄附することは禁じられている。しかし、政党その他の政治団体に寄附することは例外として認められている（公職選挙法第199条の2第1項）。後援会も一般的には政治団体に含まれるため、後援会に対する寄附であれば禁止されない。

　後援会は政治資金規正法により年1回の収支報告書の提出が義務付けられているため、寄附を受けた場合は収支報告書に記載する必要がある。ただし、氏名、住所等寄附者の明細を報告しなければならないのは年間5万円超の寄附である。

　Ａ氏側で寄附先を明示していないのであれば、市議会議員選挙の候補者個人への寄附とも認定を受けるおそれがある。

寄附を禁じられている任意団体が購入したパーティーに欠席多数

■ 事件の概要

　県知事A氏の2018年の政治資金収支報告書によれば、A氏の資金管理団体が開催した政治資金パーティーについて、県内の任意団体Xが1人1万円のパーティー券を75人分購入していた。しかし、当日の出席者は半数ほどだったという。

　欠席が故意で寄附に当たるとみなされる場合、任意団体からの寄附を禁じた政治資金規正法に抵触する可能性がある。

■ 関係者の対応など

　A氏は、購入された分は出席するものとして準備をしており、寄附には当たらないとした。また法律に則っているとしながらも、Xが寄附行為を禁じられている任意団体という認識はなかったとも答えている。また、購入者の出欠もとっていなかったという。

　任意団体Xの関係者は、意図的な欠席ではなく、出席するつもりで購入したものであり、寄附ではないとした。

違反レベル
LEVEL
3

任意団体が寄附をすることができるのは、政党・政治資金団体に限られる（法第21条第1項）。

　政治資金パーティーとは、対価を徴収して行われる催物とされ、対価の支払は政治資金規正法上寄附には当たらない。いわば、コンサートなどと同視して制度化されているといってよいであろう。これらの催物についてもチケットを購入したのに参加できなかった者がいると考えられ、政治資金パーティーでも同様のことが起きないと考えられないわけではない。

　しかし、欠席者の数があまりに多いというのはそもそも出席の意思がないのに政治資金パーティー券を購入したと言われても否定できないであろう。その場合は、寄附とみなされる可能性がある。そうなると、任意団体からの寄附は政党・政治資金団体にしかすることができない（法第21条第1項）ので、それらに当たらない資金管理団体への寄附は政治資金規正法違反となる可能性がある。

事例 **48**

選挙運動に際し金銭を要求され
公職選挙法違反で告発

■ 事件の概要

　衆議院議員のA氏は、2021年10月の衆議院議員選挙の選挙運動を行うに当たり、立候補予定のY県の同じ政党に所属する県議会議員のB氏から2,000～3,000万円の金銭を要求されたと公表した。

　A氏は衆議院議員選挙の公示前の2021年9月にB氏と会談した際に、「必要経費を早く撒こう」「2,000万や3,000万もったいながったら人生終わるよ」「秘書の耳にも入れてはいけない」などといったB氏の発言を録音した音声データを公開したが、B氏は「4年前から（無断録音されていた複数）の会話を切り貼りしたものだ」と主張した。

　さらに、B氏は、政党支部が関わる適法な経費や寄附であり、違法ではないと主張した。

■ 関係者の対応など

　B氏はあくまでも必要な経費で裏金ではないとしつつも、所属政党に迷惑をかけたとして、2021年12月に離党届を出した。

　A氏は2022年2月、B氏を公職選挙法違反の疑いで刑事告発。警察は任意で捜査を進めていたが、2022年9月、B氏を書類送検した。A氏は、厳正な刑事処分が行われること望むと話した。

　B氏は書類送検されたことに対し、「裏金などとは言っていないし、もらってもいない。今後も捜査に協力する」と話した。また、高齢を理由に引退するとした。

解説

違反レベル
LEVEL
2

金銭や物品、供応接待などによる票の獲得や誘導は買収罪となる（公職選挙法第221条）。

　本件の場合、金銭の授受が行われたとすると、政治資金規正法上は、要求された金銭を誰が提供して誰が受け取るかが問題となる。

　Ａ氏が資金を出す場合は、政治家を含む個人から政党・政治資金団体に対しては年間2,000万円、Ａ氏の関係政治団体から資金管理団体やその他の政治団体に対しては年間5,000万円の寄附の上限額がある（法第21条の2第1項、第22条第1項）。Ａ氏の関係政治団体から政党・政治資金団体に対して資金を出す場合、量的制限はない。

　ただし、いずれの場合も、政治団体が受領する限り、収支報告書に記載されることになる。しかし本件では「秘書の耳にも入れてはいけない」など資金を裏金として用立てるような表現もあり、収支報告書に載せないとすれば、不記載または虚偽記載の違反となる。

　一方、公職選挙法では、金銭や物品、供応接待などにより当選を得るための票の獲得や誘導は買収罪として厳に禁じられている（公職選挙法第221条）。金銭などを実際に渡さなくても、約束するだけでも違反となり、買収に応じたり、買収を促したりした場合も罪に問われる。

　本件では、「必要経費を撒く」などの表現があり、当選を得る目的であれば買収罪が適用されるおそれがある。

選挙前に府内議員の
関連政治団体に寄附

■ 事件の概要

　2022年2月、ある政党のX府連では、国政選挙が行われる際に候補者側から寄附を受け、選挙区内の地元議員側に配布していたことが判明した。

　2019年、参議院議員のA氏側が府連に2,670万円を寄附し、その後府連から府議会議員や市議会議員ら59人の政治団体にそれぞれ20～50万円、合計2,670万円が渡った。

　2014年の衆議院議員選挙でも同様のことが行われ、府連の元職員は、選挙のための金だと認識していたと話した。

■ 関係者の対応など

　市民有志らが、地元議員に活動費の名目で金銭を渡したのは選挙買収に当たるとして、国会議員や府議会議員、市議会議員らを地検に刑事告発した。

　府連は、「党勢拡大のためで問題ない」としていたが、告発を受け、2022年12月、今後はこのような形での現金の分配を行わないと決めた。府連は関与せず、選挙区支部が定期的に党勢拡大費として地元議員側に配るという。このことについて府連会長は、「党勢拡大のためという趣旨をより明確にすることで疑念を払拭したい」と話した。

解説

違反レベル LEVEL **3**	選挙運動のための資金であると認定されれば公職選挙法に抵触する可能性がある。

　純粋な政治活動のための寄附であれば、政党が候補者から寄附を受け、その財源をもとに地元議員の政治団体に寄附を行うことは、政治資金規正法上は問題がない。

　しかし、国政選挙の時期に行われていることから、党勢拡大という一般的な政治活動であるとの説明は名目で、実質は選挙運動の資金であるとの疑念が生ずる。実際に選挙のためと発言する関係者がいるのであるから疑念は拡大する。

　その資金が選挙の当選を得または得さしめる目的で授受されたものと認定されれば、公職選挙法上の買収罪に該当する可能性がある（公職選挙法第221条）。

【類似事例】
選挙前に県内議員の関連政治団体に寄附

■ 事件の概要

　参議院議員のA氏が代表を務める政党支部が、A氏自身が立候補した2019年の参議院議員選挙の公示の約1か月半前に、同じ政党のX県の全県議会議員（当時22人）の関連政治団体に寄附をしていた。それぞれ30万円ずつで、合計660万円。

■ 関係者の対応など

　A氏側は、「党勢拡大のための寄附であり、法令に則って適正に収支報告している。誤解を招く時期であったが、買収の意図はない」とした。

　受領した県議会議員のうち5人は政治資金収支報告書に記載していなかったが、2022年5月までに訂正を行った。

事例
50

選挙区内有権者に対し、
大臣秘書が線香を配布

■ 事件の概要

　衆議院議員で現職大臣であるA氏の秘書が、2014～2016年に選挙区内の有権者に線香を配布していた。2016年には合計1万6,700円分を配布しており、これ以前にも行っていた。

■ 関係者の対応など

　A氏は、有権者への線香配布を認めたうえで、配布物に自らの氏名は入っておらず、自らが代表を務める所属政党のY県第5選挙区支部の活動として配布したものと説明した。「公職選挙法に則って活動し、政治資金規正法に則って適正に報告をしている」とした。

　総務省の選挙部長は、公職選挙法では氏名を表示したり氏名が類推されるような方法で寄附することを禁じており、候補者名入りの名刺を渡したり、候補者名を口にすることも含まれるという見解を示した。

　A氏はその場に居なかったので秘書が名刺を持っていたかどうか、自身の秘書と名乗ったかどうかはわからないとした。

違反レベル
LEVEL
2

公職の候補者がその役職員または構成員である会社その他の法人または団体は、当該選挙区内にある者に対し、いかなる名義をもってするを問わず、これらの者の氏名を表示しまたはこれらの者の氏名が類推されるような方法で寄附をしてはならない（公職選挙法第199条の3）。

　公職選挙法第199条の2は現職を含む公職の候補者が、第199条の5は後援団体が選挙区内にある者に対し、寄附をしてはならないと定めている。したがって、線香の配布を行ったのが公職の候補者や後援団体であれば、これらの規定に抵触する。

　しかし、政党の支部について言えば支部長等公職の候補者の支援を行うだけでなく政党としての政策普及活動等も行っていると考えられることから、一般に後援団体には該当しないと考えられている。しかし、公職選挙法第199条の3は公職の候補者が役職員である団体について一定の寄附を制限している。すなわち、このような団体は公職の候補者の氏名を表示または氏名が類推されるような方法で選挙区内にある者に対して寄附をすることが禁じられている。

　本件においては、政党の支部からの寄附であるのか否か、もしそうであった場合に氏名を表示されるなどしたかどうかが判断基準となる。

第9章

適法不適切

クラウドファンディングによる
政治資金集め

■ 事件の概要

　参議院議員Ａ氏が都議会議員だったとき、地域政党を立ち上げるための運営資金づくりとして、クラウドファンディングを行った。出資額は、3,000円、1万円、50万円の3種類でステッカーやＴシャツなどの提供物がある。

　1,000人以上から合計約1,200万円の提供を受け、手数料を差し引いて985万7,771円を入手した。

■ 関係者の対応など

　Ａ氏の収支報告書では、クラウドファンディングで集めた資金を、機関紙誌発行その他の事業による収入として、クラウドファンディングという表記と金額のみを記載。つまり、機関紙誌の発行や政治資金パーティーなどによる収入と同じ事業収入として計上した。

　Ａ氏の収支報告書には、個人で50万円のクラウドファンディング出資をした者がいたことが報告されているが、氏名の記載はなかった。

■ 政治資金規正法による解釈

　政治資金規正法では、寄附について「個人から同じ資金管理団体への寄附は年間150万円まで」などの上限があり、1人当たり5万円を超える場合、収支報告書に氏名と金額の記入が必要となる。しかし、クラウドファンディングで物品などの対価を提供する場合は寄附に当たらず、この対象から外れる。

政治資金パーティーの場合、1件当たり20万円を超えると氏名や金額記載の義務が発生するが、クラウドファンディングは法律で規制されていないため、この対象にもならない。

違反レベル LEVEL 1

クラウドファンディングによる資金集めが事業収入になるか判断が待たれる。

　クラウドファンディングは、一般に特定の目的を持った活動に対して資金を集める寄附型、商品開発や新しいサービスの提供など、今までにないアイデアの開発のために資金を集める購入型、事業のために資金提供を募る投資型の3タイプに分けることができる。

　このうち、クラウドファンディングで物品などの対価を提供する場合は寄附に当たらない。本件では、A氏は投資型と捉え、受け取った金銭を事業所得として計上したものと考えられる。ただしこうした事例の場合、対価として提供される物品やサービスが社会通念上適切なものである必要があるだろう。対価に対して著しく高額な資金を集めた場合などは寄附と認定される可能性もある。

　政治資金パーティーでは1件当たり20万円を超えると、政治資金収支報告書に氏名などを記載する義務が発生する。本件では50万円を提供した者がいたことがわかっているが、クラウドファンディングは現行の法律で規制されていないため、記載の対象にはならない。クラウドファンディングは新しい資金集めの方法であり、このような手法が多用され、透明性が確保できないのであれば、今後法整備により対処すべきであろう。

政治資金規正法違反事例集 Ⅲ

無 断 禁 転

令和6年3月29日発行

編集・発行／株式会社 国政情報センター

発行人／中 島 孝 司

〒150-0044 東京都渋谷区円山町5－4道玄坂ビル

電　話　03－3476－4111

ＦＡＸ　03－3476－4842

振替口座　00150－1－24932

定　価　3,080円（本体2,800円＋税10%）　乱丁・落丁本はお取替えいたします。

ISBN978-4-87760-372-4 C3031 ￥2800E